中公文庫

フランス革命夜話

辰野　隆

中央公論新社

目次

フランス革命夜話

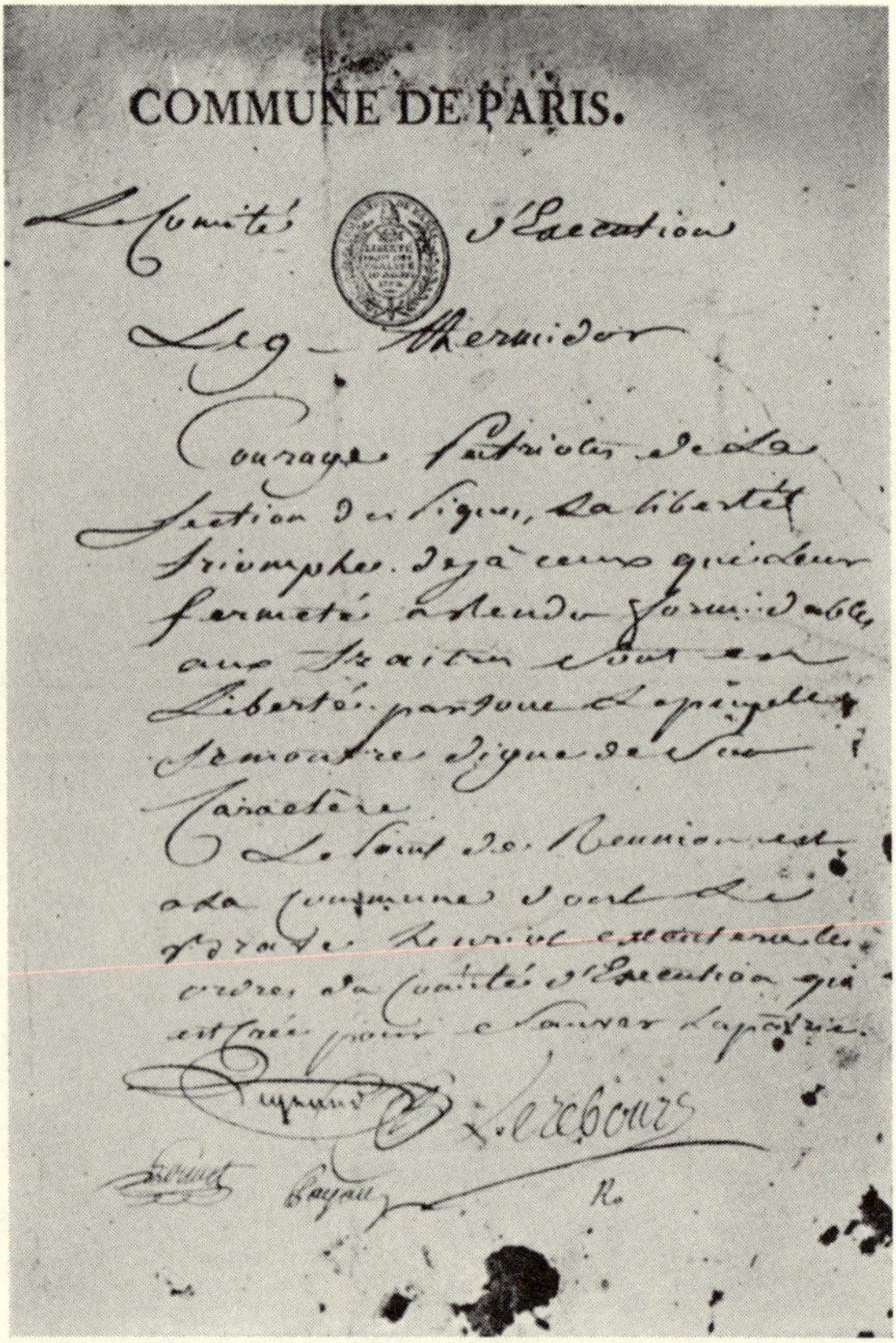
COMMUNE DE PARIS.

Le Comité d'Execution

Le 9 thermidor

Courage patriotes de la section des piques, la liberté triomphe. déjà ceux que leur fermeté a rendus formidables aux traitres sont en liberté. partout le peuple se montre digne de son caractère.

Le point de réunion est à la commune d'où le brave henriot executera les ordres du comité d'execution qui est créé pour sauver la patrie.

Legrand Lerebours

Louvet Payan Ro

ロベスピエールの最期の署名。1794年7月27日夜半、パリ市庁で布告に署名しようと、ロベスピエールがRoと書いた瞬間に憲兵メルダの拳銃弾にあたって倒れたとされる。下方の黒染は彼の血痕である。

革命夜話

ミラボー
(1749-1791)

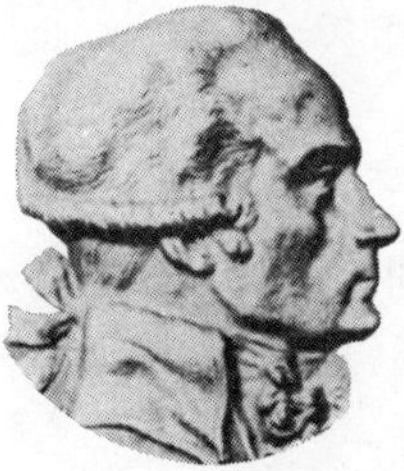

ロベスピエール
(1758-1794)

革命問答

ある夜、S君がぼくの寓居《ぐうきょ》を訪れて、フランス革命について雑談的に書いてもらいたいという。そこで当夜二人の間に交わされた問と答とを書き記すこととした。

S――いつごろから、フランス革命に興味を持つようになったんです。

ぼく――興味は昔からです。ただ、文献――というほどでもないが――革命ものを、ぼつぼつ読みはじめたのは、太平洋戦争の中期からです。戦争の前途に全く望みを失って、近い将来に必ず国内革命が起こると思ってね。いずれはまぬかれぬ変革なら、すでに散々流した血の上に、さらにむだな流血を重ねる愚は避けたい、まあそうした気持から、いろいろなフランス革命史を読んで見たのです。とにかく、フランス革命は、その後のあらゆる近代革命の原型ですからね。それに、フランス文学研究のためにも、一応心得ておく必要がある。単にフランスのみならず、全ヨーロッパ的である浪漫主義運動の先駆的動乱としても当然研究しなければならない。

S——でも、われわれから見ると、時間的にも空間的にも近いロシア革命の方が一層重大じゃありませんか。

ぼく——それはもういうまでもないが、ロシア革命という大変動は、まだあまり新しすぎて——かつ、きわめて鎖国的に遂げられたので——あらゆる角度から考察するだけの時の経過と、史料を集めることがまだすこぶる不十分なのです。今後二、三十年、あるいは半世紀ぐらいたたなければ、客観的な研究は不可能でしょう。

S——なるほど。ある雑誌で、石田幹之助氏と大仏次郎さんとあなたとの座談会で、文藝復興《ルネッサンス》やフランス革命の話をされたでしょう。どうも日本にはまだ文藝復興とか、フランス革命とかいうような人間世界の知能的な、社会的な大事件が起こらなかったようですね。

ぼく——なかった。日本は、全体としては、知識尊重の念においては文藝復興以前であり、政治的開眼においては、アメリカ独立、フランス革命以前だ。政治的にきわめて低級な国家が、あらゆる批判的思想を弾圧して、和製中華思想をまとう侵略行動を営んでいるうちに、諸外国で研究され、高度の知的水準を端的に示す原子爆弾でひとたまりもなく止めを刺されたのは、悲劇というよりも、むしろ喜劇の要素が目につきますね。

S——旅の女をおびやかすごまのはいが、どこからともなく飛んでくる手裏剣で、手もなく往生するといった形ですかな。

ぼく——竹やぶから切りとられた竹が竹やりになるよりも、長ければ物ほしざおか、短ければ灰吹きになる方がましだった、となげくのは、博多俄《はかたにわか》か、それとも曽我廼家《そがのや》かな。おとぎばなしだね。王政を倒して民政を布《し》こうとしたフランスが、革命でむだな血をいやというほど流したあげく、ナポレオンというとんでもない専制君主を造り上げてしまったんだから、人間てやつはあんまり利口じゃありませんね。中世紀は暗黒だった、なんて笑う資格は人間にはありませんよ。

S——しかし、とにかく、人間の政治は徐々に民主的にはなって来たのでしょう。

ぼく——徐々？　徐と徐との間に、もっと距離があるのです。そろり……そろり……ぐらいでしょう。それも往々あともどりさえするのです。まず、ゆっくりフランス革命史でも読んで、おたがいに急進的緞帳《どんちょう》役者にならぬように用心することです。もし急進主義者が、いつの間にか、急進主義的役者になっているのに自ら気がつかなかったら、必ず、左岸の沃野は荒廃しはじめ、強い主義も実行もついに結実せぬという鉄則を、つまずかぬ先に深思すべきです。ぼくは幾多のフランス革命史を読んで見たが、あの大革命を通過して生き残った多くの革命家が、ほとんどことごとく後の反動政権の便乗者になってしまったという事実を悟って、それなら、何を苦しんで、あれほどの革命騒ぎに躍り狂って、流さないでもすむ国民の血をむだに流したのか、と反問したくなりますね。ナポレオンやタレーランやフーシェや、その他うぞうむぞうの便乗革命家をでっちあげるくらいなら、はじめから革命なんかやらぬ方がいい。が、さすがにミラボーはえらかった。ミラボーがもう一年生きていてくれたら――このカーライルの嘆きは正しい――フランス革命はあんな血なまぐさい迷路をたどらずにすんだのではなかろうか、とつくづく思いますよ。

S――ミラボーがそれほどすぐれていますか。

ぼく――一頭地を抜いていますね。ロベスピエールやダントンやマラーと比べてね――もっともマラーは半狂人だが、快男児という点ではダントンが第一でしょうが、政治家としての識見、手腕、力量においては、何といってもミラボーでしょう。先覚者たるヴォルテールやルソーやモンテスキューや百科学者たちの学説・思想を十分にこなして、自己の血肉としているのみならず、時代に即した政治の公道をはっきり見きわめて、フランス革命の見通しを初めからつけているのです。英、独に関する考察も卓見に富んでいる。

S――見通しというと……

ぼく――立憲王政です。王権を合理化して民政の伸長をはかるといういき方……結局そうならなければフランスは幾度でも専制者、独裁者に荒らされて、国民はいつも、くそをつかまされるほかはない……カーライルをして、「ミラボーがもう一年生きていたら」と嘆かしめたのは、「もう一年生きる義務があった」と書き改めてもよかったでしょう。それほどミラボー自身われとわが手で、生き得べき命、フランスのために生きなければならぬ命を縮めた観がある。「おれが死んだら、いっしょに立憲王政も持ち去るだろう」といっていたが、その通りになってしまった。

S――自殺ですか。

ぼく――むしろ生命の過剰ですね。生まれつき金のかかる放縦な貴族で、借金の名人で……一体、ミラボー伯爵家には豪傑の血が流れていて、父親は重農派の経済学者で、『人民の友』の著者ですが、実に専制的な親父で、政府に逮捕状を請うて、息子を牢獄にたたきこむぐらいは平気な男なんです。しかのみならず、ミラボーの伯父さんもなかなかの豪の者でね――とにかく、ミラボーはエピキュリアンで女出入りが多く、不養生で、……自ら招いた短命ですね。君、サティリアジスという病気を知ってますか。

S――プリアピスムなら知ってますよ。

ぼく――まず似たような病なんですがね、サティリアジスの方が少し高等なんです。百科全書を引いて見給え……

S――罹災《りさい》して焼いてしまったんです。

ぼく――それはそれは、……つまり、ミラボーの死後二時間を経過しても、彼の男根はなお独立不羈《ふき》の勢いを示していたそうです。ミラボー死すとも自由は死せず、さ……

S――じょうだんを……

ぼく――じょうだんどころか、臨床記録に書いてあるんだ。

S――どうもフランス人てやつはふざけてやがるな……ちょっと気に入った。急所をつかみますね、盤根錯節《ばんこんさくせつ》か、アッハハ。

ぼく――平賀元義曰く、五番町石橋の上にわが〇〇を手草にとりし吾妹子《あぎもこ》あわれ……

S――ところで、ロベスピエールはどうです。

ぼく――一言で片づければ、いやなやつです。気どり屋でね。どうして、あんな人間が二、三年間フランスの牛耳をとり得たかは今日からはちょっとわからない、というのが尋常な見解らしい。国家のある時期には――何も国家に限らぬが――どう考えても、あり得べからざることがあり得るのです。日本だって例外じゃない。近衛・東条以来今日までの首相を見給え。

S——全くね。

ぼく——その点、群集心理のル・ボンなぞは、そうした事がらはその時代にいた人々でなければほんとうにはわからないだろうといっている。たれが見たって、ロベスピエールは、ミラボーやダントンと比べては、人間が一枚も二枚も下ですからね。民衆に対する迫力もダントンには及びもつかない。彼の思想は徹頭徹尾ルソーの焼き直しで、独創がない。男ぶりも、ぱっとしたところがなく、ミラボーやダントンのように魁偉《かいい》でもなく、陽性でもない。演説もまずくはないが、決して味方のほめるほどうまくない。ミラボーの光彩も熱もない。ただ彼は清廉居士《アンコリュプチブル》といわれた男で、金銭上の非難が少しもなく、婦人関係もうしろめたいところが一点もない独身者なのだ。きわめて排他的でやきもちやきだが、口を開けば理想主義者で、感傷的で、態度は自然神教を奉ずる革命家といったところがある。生活もきわめて質素ではあるが、なかなかおしゃれで、身ぎれいなんです。要するに文学青年的政治家のようなところが多分にある。しかし、これはあくまで男性から見たロベスピエールなので、一般の女性は、得てしてこうした理想主義的役者には、コロリと参るのではないだろうか。当時の女性群がロベスピエール支持についていては、いかに隠然たる大勢力であったかは思い半ばに過ぎる、とル・ボンもいってるんですが、それもたしかに一つの見方ですね。君はロベスピエールとヒットラーとの間に、ある相似を見出しませんか。

S――似たところがありますね。ヒットラーの全盛のころ、ナチス祭典の映画なぞで、彼の風貌《ふうぼう》を見たり、演説を耳にしたりして、いや気がさしたのは男の観客に多く、うっとりとしたのは女の観客の大部分ではなかったでしょうか。

ぼく――統計をとっておけば、ある答案が得られたかも知れない。一般的にいえば、ロベスピエールぎらいがダントンびいきになり、ロベスピエール愛好者はダントンぎらいになるらしい。この二人の相場は史家に従って、また時代によって上がったり下がったりするんです。近ごろでは左翼史家マチエがダントンをぼろくそにやっつけましたよ。

S――さっき、便乗主義者の筆頭に――ナポレオンを除いては――タレーランを挙げましたね。

ぼく――それからフーシェ……

S――ステファン・ツヴァイクの『フーシェ伝』は面白いなあ。便乗主義者もあのくらいになると、一種のすごみがありますね。それがタレーランにはしていやられたのだからな。

ぼく――蛇《じゃ》の道はへびか。タレーラン、フーシェ、それから、実施されない憲法を五度起草した聡明無類なシェイエス。三人が三人とも坊主あがりでね。……とかく、坊さんには油断のならぬのがいますよ。まったく一すじなわではいかぬしろものが少なくない。神父ジョゼフ、ラスプーチン、夢窓国師、天海……

S――さっきの話で、革命後まで生き残った革命家は、ほとんど大部分は便乗主義者だったということですが、そんなもんでしょうか。

ぼく――どうもそうらしい。もっとも、生き残りに傑物がいないというわけではないのですよ。死んだ連中がことごとく英雄だったわけでもないのですからね。そう多くの文献を読みあさったわけでもないから、口はばったいことはいえぬが、ぼくの読んだ限りでは、革命の初めから革命後までも徹底的なテロリストとして終始した男が一人あると思う。それがビヨー・ヴァレンヌなのです。

S――聞いたことがありませんね。

ぼく――フランス革命史を読めば必ずお目にかかる名で、有力な幹部の一人ですが、ただ一人の、一貫せるテロリストというところに焦点をおいて見なければ、彼は血なまぐさい時代に、他の過激派と一緒になって行動しているから、特に目立つほどではない。ルイ十六世処刑には彼は大賛成です。王后マリー・アントワネットの断頭にも無論賛成です。革命反対者は――単に容疑だけでも――引っ捕えてしらみつぶしに殺すことを何とも思ってはいない。しかしそれは彼ばかりじゃない。激しいジャコバンはみなそうなんだから、彼は群れの中の一人にすぎない。ついに恐怖政治になり、沐《もっ》猴冠《こうかん》のロベスピエールと白面のサン・ジュストと躄《いざり》のクートンの三頭政治となり、結局ロベスピエールの独裁にほかならなくなった時に、いわゆる熱月党《テルミドリヤン》、つまり、ロベスピエール打倒の一団が結束することになるのですが、ビヨー・ヴァレンヌも熱月党の一人なのです。しかも熱月党の連中も、ロベスピエールを断頭台に送った後では、おおむね革命家たる色はあせてしまって、後の政府のダラ幹として出世したり、便乗しそこなって、落ちぶれたりしたんだが、ビヨー・ヴァレンヌだけはいつまでも、どこでもテロリストなんです。彼が政治家として失脚して、南洋のタヒチ島方面に流刑に処せられたのは、たしか五執政官《ディレクトアール》政府の時でしたろう。彼は島流しの生活によくたえて、畑を耕したり、ウサギを飼ったりしていたのですが、彼の妻はさびしい生活にあきあきして、パリの空が恋しくなった。そこで夫と離婚して都に帰ってしまったんです。ところがパリで暮しているうちに、彼女はようやく夫を捨てた軽挙を悔やむようになった。で、よりをもどそうとして、再び一緒になってもらいたいと嘆願したのですが、ビヨーはその時「人の行動には許せることと、許せないことがある」と答えたきりであった。この答はまことに簡明で峻徹ですね。ナポレオンが初代総督《コンシュル》になったころ、ビヨーは許されて呼びもどされることになったのですが、彼は独裁者の政府に使われることをいさぎよしとしなかったので、終生、島にとどまり、島で死んだのです。

S――すっきりしたもんですね。特に彼の伝はないのですか。

ぼく――よくは知りませんが、まとまったものはないでしょう。あっても、今では絶版ものでしょうね。フランス革命の第一流の花形というわけではないから。それに、主義に殉じた革命家は彼以外にも、たくさんいましたからね。断頭台上に散った学者、志士、仁人も決して少なくなかった。ジロンダンにもジャコバンにも少なくなかった。特にドイツ人でありながら、人類愛の哲人、心から革命の友となり、あらぬ容疑から首をはねられた哲人アナカルシス・クローツのような立派な人物もいましたからね。彼の「フランスよ、個人を克治せよ」(個人主義病を治せ)という言葉は、今もなお権威ある遺言としてフランス人をいましめていると思う。フランス人ばかりではない。今の日本人に対して、たれかが「日本よ、個人を克治せよ《ジャポン・ゲリ・デ・ザンディヴィデュ》」といったら、顔を赤らめずに、そのたれかを直視し得る人がそもそも何人いますかな。アナカルシスのような哲人に比べると、ビヨー・ヴァレンヌのごときは、ついにはひとりぼっちになったが、要するに徹底的な党人です。主義に殉ずるというよりも彼の行動そのものがすなわち主義なので、そこに政治はあっても、人間性が不足しています。革命にしか役立たぬ人間は人間じゃない。ぼくは彼の人物には強くひかれながらも、彼のような男とは結局交わりを断って、アナカルシスやコンドルセやラヴォアジェと運命を共にした方がうれしい。

S——まったく、恐怖時代のように、ただ容疑だけで殺されては一日も安き思いはありませんね。自分の気に食わぬやつらは、片っぱしから密告すればいいのですからね。

ぼく——その代わり、死ぬのにあきらめのいいやつもずいぶんありましたね。例のフーシェね。あいつは革命政府の代表者としてリヨンに出向いて、反革命群を一網打尽に銃殺したり、断頭台の餌食にしたことがあったが、その時に、首をはねられる瞬間まで書物を読んでいた男があったんです。いよいよ自分の番になると、おもむろに書物のページを閉じて、あたかも寝室へ寝にゆくように、断頭台に昇っていって、型通りに双手を後ろにまわし、うつ伏せに横たわり、断頭板のあないに首を突っこむと、刑カギのはずれる音がして、上から断頭刃が落ちてくる。ばっさりと首が落ちると、刑吏がその頭髪をつかんで、血のしたたる首を、ただ興奮しているムートン（羊群）のような観衆に示す。今、閉じられたばかりの書巻には、まだ彼の魂が揺曳《ようえい》しているとしか思われなかったでしょう。

S――血祭り街のソクラテスですね。

ぼく――それから、パリで婦人の容疑者を多量に処刑したことがあったが、その中にニコルとかいう十二、三歳の少女が加わっていた。ニコルには何の罪もないのです。ただ、処刑されるある婦人に弁当を運んだという事実だけで殺されたのだが、そのニコルがいよいよ処刑される際に、断頭台の上にうつ伏せになると間もなく、きわめて落ちついて、くるりとふり返って刑吏の顔を見ながら「おじさん、これでいいの？」と、たずねたんです。この有様を近くでながめていた見物人がいたが、その男は死刑なぞは毎日見慣れていて、ほとんど不感症になっていたやつなのだが、ニコルの、死を見ること帰するがごとき覚悟、覚悟とさえも自ら知らぬような、破天荒な態度に異常なショックを受けて気絶してしまったんです。

S――面白い、といっては語弊があるが、運命に対する子どもの柔順、ききわけのよさ、には真に驚嘆すべきものがありますね。子どものそうした態度をながめ、心意を察して壮者・老者はふびんだとか、いじらしいとかいって涙を流して、知らず識らずの間に老者・壮者の優越感を隠し切れぬのですが、実際は同情される子どもこそ、死にのぞんでじたばたする大人を、「命長くして恥多し」と、しかる資格がある。

ぼく――正にそうだ。愚に返るという言葉に子どものように純真になるという意味があるなら、これほど子どもを誤解した言葉はない。子どもはきわめて自然であるが、純真でも単純でもない。危機に際して、大人よりも遙かに事実を直視する能力――大人にはすでに失われた能力――を持っているのです。ニコルの濁らぬひとみに、革命という現実がはっきり映った時に、彼女はその実在を直覚的に肯定して、万人が難しと観ずる生と死の境を無心に超えてしまったのでしょう。

S――とにかく、大往生ですね。

ぼく――ニコルの態度には、あふれ出ようとするぼくらの涙をたちまち乾かしてしまう清風のような趣きがある。フランス革命の断頭台で殺された無数の人間、王侯から庶民にいたるまで、その最後の立派だったのが非常に多かった。ルイ十六世のも、マリー・アントワネット――さすがにマリア・テレサの姫君に恥じぬ――のも、シャルロット・コルデーのも、堂々たるものだった。ダントン、デムーラン、サン・ジュスト、その他ジロンダンの名士たちの死も立派だった。従容として死を迎えるのは決して東洋の専売でも、日本のみの誇りでもないことがよくわかる。

S――フランス革命を知る本は？

ぼく――多すぎますね。革命の流血より革命について流したインキの方が多量だといわれているほどですからね。が、ぼくはまずアナトール・フランスの『神々は渇く』を読んでもらいたいな。この小説には、大衆作家や通俗作家の書くような文字や行は、一字も一行も見出せません。実に淡々たる態度で、平易な名文で、革命のいかなるものであるかを読者に納得させるのです。

ロベスピエール

フランス革命に対する是《プロ》と非《コントラ》は、今日においても、決定しているわけではない。治者が権力をふるい、民衆に反抗が存在する限り、つまり、人間の政治がつづく限り、後世の眼がくらまぬ限り、あらゆる革命の賛否はわかれることだろう。フランス革命についても、ルイ・ブランからジョーレス、マチェスにいたる左岸の史家は、いうまでもなくこの代表的変革の是認派であるが、ミニュエ、テーヌからオーラール、サニャックにいたる中央から右岸の史家は、おおむねその否認派たるは当然である。ではミシュレーはどうだろう。彼がフランス革命をあくまでフランスの民衆の制作と確信している以上、革命を肯定しているものと見なすべきであろうが、しかし、彼がロベスピエールをきらっているところから考えると、条件付きの革命是認派と見られぬこともない。

が、とにかく、ロベスピエールを度外視してフランス革命をながめることはできない。しからば、ロベスピエールとは、そもそもいかなる人物であろうか。君は彼を好むか好まぬか、という問題になると、そこには、にわかに片づけられぬものがある。好むにせよ好まぬにせよ、ロベスピエールは問題になる人間なのである。今までぼくの読んだ七、八種の革命史をとおして得た印象——あくまで、ぼく一個の印象にとどまるのだが——からいうと、どうも、ぼくは彼を好きになれない。彼は一般に清廉居士（アンコリュプチブル）と呼ばれるだけのことはあったのだろう。はじめ、故郷アラスで、青年弁護士であったころ、罪人に死刑を宣告した国法に対して怒り、人道のために職をなげうったほど正義感に燃えた男でもあったろう。革命の一度起こるや、代議士となり、立憲国民議会の壇上で信条を披瀝《ひれき》して、先輩ミラボーから《所信を貫かんとする有望の士》とほめられた闘士でもあったろう。金銭上の悪いうわさが少しもなく、品行は方正でもあったろう。が、それにもかかわらず、彼から受ける——もろもろの史家を通じて——ぼくの印象は、どうもよくないのである。

一体、ロベスピエールはどんな面構えをした男だったろう。今日遺っている彼のポルトレーは、どれを見ても、平凡で、あまり人好きのする顔でもない。あの顔に彼が好んで用いた緑ガラスの眼鏡をかけたら、いかにも暗い、意地の悪い面相になったろうと思われる。詩人アルフレット・ド・ヴィニーの小説『ステルロ』の中に彼の風貌について語った一節がある。

《ロベスピエールの顔は容易に想像のつく顔です。事務員で、彼に似た人間はたくさん見かけられますが、どんな偉大な性格の顔でも、彼の前にいるときのような感動を与えるものはありません。彼は三十五歳でした。顔は額とあごの間がくぼんで、まるで両手でその二つをつかんで鼻の上で無理にくっつけようとしたようでした。この顔は紙のように蒼《あお》白くて、光沢がなく、石膏《せっこう》を塗ったようでした。ほうそうのあばたが深い痕《あと》を残していました。小さな、陰気な、どんよりした目は、決してまともに人を見ず、絶え間なく不愉快なまたたきをするので、たまたま彼の緑色の眼鏡ですっかりかくれないときは、いっそう小さく見えるのでした。口は微笑をふくんだ、つねったような、しわだらけの一種の渋面《じゅうめん》のために痙攣的《けいれんてき》にひきつっていて、そのため、ミラボーに酢を飲んだネコだなどと、たとえられたものです。頭髪は、何となく派手で尊大で気どった感じでした。指や肩や首が、いらいらした神経の小さな痙攣のおこるたびごとに絶えず無意識にひきつけ、ゆれ動き、ひねり曲りました。朝からちゃんと着更《が》えていて、不意に略装をしているときにぶつかるということは一度もありませんでした。この日も、白いしまの入った黄色い絹地の服に花模様の胴衣を着、胸飾りをつけ、白い絹の靴下とビジョー止めの靴をはいていて、たいそうしゃれた様子に見えました。彼はいつもの丁重な態度で立上がり、緑色の眼鏡をとって重々しくテーブルの上において、わたしの方に二歩歩み寄りました。寸分のすきもない紳士のように会釈をして、また座り、わたしに手を差出しました》（平岡昇訳『詩人の運命』）

どう見ても、彼は包容力のとぼしい男である。彼は、彼から見て一日の長ある人物を容れ得ない。先輩たるミラボーの識見、手腕、弁舌は彼を遙かに抜いていたから、彼は平らかではなかった。彼より遙かに人気のある同志マラーや同志ダントンをひそかに憎んでいた。彼より文章のうまい旧友中の旧友デムーランをねたんでいた。彼はダントンを一応は弁護しながら、ついに首をはねてしまった。マラーにしても、もしシャルロット・コルデーの手で刺されなかったら、恐らくロベスピエールによって背後から屠《ほふ》られたであろう。彼は大革命を指導すべき地位を獲得しながら恐怖時代に押し流されている。カトリーヌ・テオという巫女《みこ》のような老婆を信仰したり、ルソーまがいの自然神教的なあまい宗教感情におぼれ、最高尊者（エートル・シュップレーム）という抹香臭い神ともつかず、指導精神ともつかぬいかものを振りまわして、革命の流血を洗い落そうとしている。ばかげたことである。同じく『ステルロ』（詩人の運命）の中にロベスピエール以下の革命家を評した言葉がある。

《世界の歴史で、どんな統治者でも個性的な偉大さのなかった者は、その補いとして自分の右手に守護神のように死刑執行人を座らせることを余儀なくされたのです。……哀れな執政官たちは、自分が道徳的に堕落していることを心に深く意識していました。彼らはそれぞれ今よりは善い道から滑り落ちた者であり、何か出来そこなったものでした。ある者は腹黒い平々凡々たる弁護士であり（ロベスピエール）、ある者は無智な医者であり（マラー）、ある者は生《なま》哲学者であり（サン・ジュスト）、ある者はあらゆる立っている満足な人間をうらやむいざりでした（クートン）。

〔注〕ロベスピエール、サン・ジュスト、クートンが恐怖時代の三頭政治を形づくっていたのである。

知性は混乱し、肉体と霊魂との取柄はいびつだったので、彼らはそれぞれ自分に対する世間の軽べつが、どんなものであったかを知っていました。そこで、恥を感じたこれらの王者たちは、人々の目をおそれて、それを眩惑させ、地に伏せさせるためにオノを光らせるのでした。彼らが三頭長官《トリアンヴィル》や十二委員《デッサンヴィル》のような権力を打樹てるまでは、彼らの仕事というのは、以前の権力に対する絶えざる讒訴《ざんそ》を含み偽善の仮面をかぶった、しかもいつも猛烈な非難でした。不屈の告発者、告訴者、また破壊者となって、彼らは片端から『平原党《プレーヌ》』の上に『山岳党《モンターニュ》』を、エベールチストの上にダントン一派を、ヴェルニオー一派の上にデムーラン一派を倒しつづけたのですが、そのために彼らは当代の民衆の前に、いつも陰謀のメドゥサの首を差しつけて、民衆がみな自分の血の中、血管の中に、それがかくれていると思って恐怖するようにしむけました。こうして彼らによると、彼らは社会の身体からおびただしい汗を出させました。ところが、彼らは社会を立上がらせ歩かせねばならぬ場合に及んで、その試みにもろくも失敗してしまったのです。彼らは組織者としては無力で、突如として孤独の中に陥ったために唖然呆然《あぜんぼうぜん》となってしまい、ただ自分たち小さな覇者仲間で、たがいにいがみ合いをやり直すよりほかに、すべを知りませんでした。闘いはひどく息を切らせながら、彼らは自分に適用らしい適用の見当さえもつかないような理論の端くれを書きなぐろうと試みました。やがては、もっと手軽な残酷な流血作用へと転向しました。三カ月の彼らの絶対権は、彼らにとっては病床の一夜の悪夢のようなものでした。それから考える時間を取るだけの力もなかったのです。のみならず、本来思想は、われわれの考えるような静かな、おごそかな、力強い思想は、彼らにはもう足元にも寄れなくなっていたものなのです。——自分を恐れるような人間の心には思想は宿りません》

(同上、平岡昇訳)

ヴィニーは浪曼派一流の詩人で思想家であるが、貴族であり、青春期には軍人として仏国王家に忠勤をぬきんでた士でもあるから、無慚《むざん》の恐怖政治家に対する彼の批判は少々きびし過ぎるが、彼がロベスピエール一統の残虐者を憎む人間的な怒りは断じて軌道をはずれてはいない。ルイ十七世たる幼き王子が牢《ろう》番人シモンにあずけられ、言語に絶する虐待ののち、全身ナンキン虫やノミ、シラミにさいなまれ、目にあまる衰弱の果てに崩ぜられた惨状を思い見るだけでも、それがたとえ外国の事件にしても、百五、六十年前の歴史にしても、なお深くわれらの心を傷《いた》ましめ、暴戻《ぼうれい》な革命党に対する不倶戴天の憤怒の湧き来たるのを禁じ得ない。しかのみならず、二年半の間、ほとんどなぶり殺しに等しい責苦の中にも、人間道をわきまえぬ悪漢どもに対して、終始人間の品位を守って毅然たりしわずか十歳の王子を追想すると、革命史を読むぼくの眼には、今もなお新たな涙があふれるのである。

《死の運搬車はマキシミリヤン（ロベスピエール）から市長フルーリオ、靴屋シモンに至る、約二十三人の種々雑多な『法権除外《オール・ラ・ロア》』の連中の一釜《フールネ》を載せて、軋って往く。万人の眼がロベスピエールの運搬車の上に注がれている。あごをよごれたリンネで包帯した彼は、半死半生の弟（オーギュスタン・ロベスピエール）、半死半生のアンリオー（パリ衛戍《えいじゅ》軍司令官）とともに、くじきつぶされたように横たわっている。彼ら

「十七時間」の苦痛も今や終ろうとしている。憲兵はその剣を以て彼の方を指して、どれが彼かということを人々に示す。一人の婦人は運搬車に跳びつく。片方の手で車の側面をしっかとつかみ、今一方の手でシビル巫女《みこ》のように打ち振りながら、こう呼ぶ、《汝の死は、わたしの心の底までうれしがらせる》。ロベスピエールは眼を見開いた。《悪漢め、フランス中の妻と母ののろいを背負って地獄に往け！》と。断頭台の脚下で、彼は自分の順番のくるまで、地面に横たえられた。持ち上げられると、彼の眼は再び見開いた。そうして血まみれの斧《おの》を見た。サンソン（断頭吏・後章参照）は彼から上衣をはぎとった。あごからきたないリンネをかなぐり取った。あごは力なく落ちた。彼の口から一の叫びがほとばしった。――聞くも見るも物恐ろしい。サンソン、汝はいかほど迅速にしても迅速過ぎる恐れはないぞ！
サンソンの仕事の終るや、かっさいの叫喚が叫喚の上に湧き重なる。ただにパリ中にひろがるのみならず、フランス中にひろがり、ヨーロッパにひろがって、今日の時代まで及んでいる叫喚である。当をえたものであって同時に当をえぬものである》
（カーライル『仏蘭西革命史』、柳田泉訳）
　革命政府の崩壊は一七九四年七月二十七日（革命暦第二年熱月《テルミドール》九日）であるが、ロベスピエールが断頭台に登ったのは翌二十八日午後七時ごろであった。彼があごを布で包帯していたのは、二十八日（熱月十日）午前二時ごろ、パリ市庁において、熱月党から派遣された若き憲兵メルダの放った拳銃の弾に左下あごを、したたか撃ちくだかれたからであった。

この負傷について昔から議論がわかれている。当時、ロベスピエールがわがこと終れりと悟って、拳銃自殺を試みたが、手もとが狂ってあごを傷つけたという説と、憲兵メルダに撃たれたという両説が対立しているのである。革命史家オーラールは自殺説を採っているが、オーラールの後を襲うてパリ大学のフランス革命講座を受けついだフィリップ・サニャックは、当時ロベスピエール所持の拳銃は、後の調査によると、一弾もこめられていなかった事実が明らかにされたので、メルダの撃った弾でロベスピエールは傷ついたのであると主張している。

メルダに撃たれてその場に倒れたロベスピエールは、やがてチュイルリー宮の公安委員会《コミテ・ド・サリュ・ピュブリック》の一室に運ばれて横たわっていたが、ひどく苦しんでいたので、見るに見かねた一吏員が彼に近寄ると、彼はしきりに膝の辺に手を延べていた。そこで吏員は彼の半ズボンの靴下留めのボタンをはずして、靴下をくるぶしのところまで下げてやった。すると、ロベスピエールは吏員の好意を謝する心もちから、あえぎながら、低声で、《ジュ・ヴー・ルメルシー・ムッシュー》（あなたにお礼を申し上げます）といった。革命時代の人々のように《ジュ・トゥ・ルメルシー・シトワイヤン》（市民よ、お前に礼をいう）とはいわなかった。史家ミシュレーは、この挿話を伝えて次の言をなした。

《この辞令の古き過去への思い設けぬ復帰は、日ごろ作法を守っていたロベスピエールの本能であったのか。それともまた、革命は彼とともに終り、共和政府は彼のうちに死んだと思ったのであろうか。五年の偉《おお》いなる月日は、夢のごとく消えて、空しく、亡びて、彼の精神から姿をかくしてしまったのであろうか。……この日から人々は、もはや『市民《シトワイヤン》』とは呼び得なくなった》

ロベスピエール内閣は熱月九日に倒壊したのではあるが、パリの一般市民には当時まだチュイルリー宮にたてこもった熱月党《テルミドリヤン》が勝つか、市庁に集まったロベスピエール一派が再び勢力を回復するかが不明であったので、去就を決めかねていた。ロベスピエールの幕下は彼を説いて、パリ市民に一揆をおこさせようとして、しきりに迫った。はじめはためらった彼もついに意を決して、一揆の勧告状に署名しようとして、ロベスピエールの最初の二字 Ro と記した。あたかもそのときにメルダが会議室に躍りこんできて、彼に近づき、《降伏しろ、反逆者！》と叫びながら片方の手で剣を彼の胸元につきつけ、他の一方の手で拳銃を彼の顔に向けて撃ったのであった。しかるにミシュレーの革命史によると、ロベスピエールは一揆勧告状にRobと記したと書いてある。現にパリの革命博物館（ミュゼー・カルナヴァレ）に保存してある当時の一揆勧告状――ロベスピエールの血痕を歴々指摘しうる――の複製を見ると、他の同志の署名とともに、Roの二字だけが記してある。ミシュレーが革命史を書いたころは、彼はまだこの証拠物件を見ていなかったのであろう。このRoはいかにもいじけて、小さく、他の仲間の勢いのいい署名と好対照をなしている。

憲兵メルダは、後にナポレオンに従ってモスクワ遠征に加わり、モスクワ河の戦い（一名ボロディノの戦い）に相当の戦功をたてたらしいが、それほどの出世もせず佐官で隠退したという。このメルダという名はメルド（屎《くそ》の意）に通じるので、本人自身も自分の名に気がひけていたらしく、ロベスピエールを撃った時の様子を彼の知人に報じた手紙にはメダと書いてあったそうである。彼はメルダをきらってしばしばメダと署名したらしい。

市庁のロベスピエール一派とチュイルリー宮の熱月党の浮沈がまだ決しかねた熱月九日の夜半、ロベスピエールの腹心で、パリ衛戍軍司令官アンリオーが泥酔せずに、その命令に権威があり、カルゼル広場に列を敷いていた砲門から、チュイルリー宮に向かって砲弾が放たれたなら、十分の自信がなかった熱月党は瓦解して、ロベスピエール一派が見る見る盛り返したであろうが、アンリオーの泥酔は革命政府にとっては真に致命的であった。

ぼくの今まで読みあさった革命史では、何といっても、ミシュレーとカーライルが双璧《そうへき》であった。二人ながら実に盛んな意気をもって、しかも感激をみなぎらせながら歴史を書いているからである。かかる歴史の取扱い方は、現代の万事科学的なメソッドを重んずる史家のきらうところであろうが、ぼくら歴史の素人には、ミシュレー式カーライル流がうれしいのである。読者は両大家の熱意に思わず躍らされて、夢中になって、大革命の登場人物や事件とともに感激したり興奮したりして喜ぶのである。

カーライルも旧制度《アンシャン・レジーム》を論評している間は外国の事変として、比較的冷静に文を行《や》っているが、革命がようやく本舞台に入ってくると、もはや対岸の火災視できなくなり、革命が当面のヨーロッパ問題として彼に迫り、ジャコバン党が猛威をふるい、恐怖時代を現前するにいたっては、事すでにヨーロッパ問題の域を超えてカーライル自身の良心問題となってきて、彼のペンは革命の焔とともに燃え上がる概がある。カーライルは何といっても偉い史家であり、文豪である。

ミシュレーがまた知名な史家であり、一流の文章家である。彼のフランス革命史の終りには短い結論が添えてあるが、それがいかにも気持がよく、この大史論に巧みなカタルシスが施されている。

《パリは再び陽気になった。饑饉《ききん》はあった、それは事実であった。が、ペロンは輝き、パレー・ロワイヤルは満員であった。よろずの見せ物は大入りであった。ついで、例の革命犠牲者舞踏会が幾つもひらかれ、そこに不謹慎な好色ざたがそのいつわりの喪を大宴楽のうちに展開した。この道を通ってわれらは、フランスが五百万人を葬った大墳墓に向かって歩みを運んだのである。熱月《テルミドール》の後間もなく、一人の男——今も存命であるが当時十歳であった——が、両親に連れられて芝居に往った。劇場から出てくると、華美な馬車の長い行列がはじめて彼の眼を射た。短衣を着た男たちがうやうやしく脱帽して、退出する観客に、「旦那様《モン・メートル》、お馬車はご入用ではございませんか《フォーティル・ユンヌ・ヴォアチュール》」といった。少年にはこの新しい言葉づかいがわからなかった。彼は新用語（実は旧制度の用語）を説明してもらった。説明者は、ロベスピエールの死以来、大変化があった、と告げたのであった》

シャルロット・コルデー

浴槽の刺客

そのとき、彼は半身を湯槽《ゆぶね》のなかにひたしていた。すでに持病となった湿疹——俗説ではライ病とも梅毒ともいわれていたが——が堪えがたくなってきたので、数日来、議会の方へも姿を見せず、ひきこもって、たえず湯治していたのである。しかし、そのあいだも彼は、彼の新聞「民衆の友」の原稿を書くことを怠らなかった。が、彼が湯槽のうえに板をわたして、紙に書きつけているのは新聞の原稿ではない。彼の傍らには、彼女が立っている。

「現在、カーン市にうろうろしているジロンド党の代議士はたれとたれかね。」と彼はたずねる。彼女が二、三名の名をあげると、

「よし、いずれ今月中には、彼奴らをことごとく断頭台に乗せてやろう。」

こういって、彼は悪魔の微笑をもらしながら、政敵の名を死刑の宣告のごとく書き誌す。

「ペシオン……それから、バルバルー……それから……」

このとき、彼女の手に匕首《あいくち》がひらめいたかと思うと、彼はもう心臓から背に抜けるほど刺されていた。「助けてくれ」と一言、彼は次の部屋にいた内縁の妻を呼んだが、そのまま息がたえた。ただ一突きであった。

彼とはジャン・ポール・マラー、彼女とはシャルロット・コルデー。彼は五十歳、彼女は二十五歳。彼は風貌醜怪、彼女は美人であった。

「……このうるわしい女性の身には」と、カーライルはいう。「完全無欠なるもの、一個の決意が宿っている。勇気とは、彼女にしたがえば、なにびとといえども身を犠牲にして国家のためにつくす精神にほかならぬ。このうるわしく若きシャルロットが突如として流星のように静寂な境地からおどり出て、半ば天使のごとく半ば悪魔のごとく光焰をはなちながら、醜《むご》くも、いじらしくもおどり出でて、一瞬ひらめき、たちまちにして消え去り、かくて長い幾世紀のあいだ、人の記憶にとどまるとせば——それほど彼女は光彩もあり、完璧でもあったのだが——そもそも如何。外にはシンメリヤ的同盟軍をしばらく忘れ、内には二千五百万のフランス国民をしばらく忘れて、歴史はシャルロット・コルデーなる一個のうるわしい幽霊に張瞻明《ちょうせんめい》目《もく》することであろう。……この小さな生命がいかに燦とかがやき、やがて夜の闇に消え失せたかに注目するであろう」（柳田泉訳）

けだし、運命は国土の西の端に生まれた女と、東の端に生まれた男とをしばらく近づけたのち、さや走る匕首と、きしりおちる断頭刃とをもってともに屠《ほふ》り去ったのである。

一七九三年の夏、六、七月ごろ、カルヴァドース州のカーン市には、ジャコバン党の酷烈な弾圧によってパリを逃がれたジロンド党の代議士二十数名が集まっていた。彼らの憎悪の的《まと》はジャン・ポール・マラーであった。彼こそあらゆる暴政と罪悪の中心と見なされていた。七月七日、カーン市の緑野で義勇兵募集の閲兵が挙行せられ、パリ攻撃、打倒マラーの義勇軍が編成せられるはずであった。しかしこの挙に応じた愛国者はわずかに三十名にすぎなかった。

この有様を目撃して、ふかく悲しんだ一女性がマリー・シャルロット・コルデー・ダルモンであった。若き佳人にして、年来共和主義を奉じ、貴族の生まれではあるが、家貧しく、カーン市に、伯母とともにつつましく暮らしていたのである。彼女は十七世紀の悲劇作者コルネーユの曽孫にあたっていたが、時代をへだてて、シメーヌやポーリーヌのような英雄悲劇のなかの女性が実在の女性によみがえった概がある。一人の死は万人の生、その唯一者がキリストにあらずして、血に渇くジャン・ポールであったことは、破格な革命家にとっても、一徹な女性にとっても不幸であった。

　民衆の友という一点においては、マラーは自ら後世にも誇りうるであろうが、一世の誤解をうけるに足る言動と狂的な性格が、シャルロットの清くはあるが狭い志操と対立し、マラー一人を殺せば国民は救われる、それが彼女の信念となったのである。しかも彼女はしとやかな、やさしい女性であった。早く母を失い、父は子女よりも書籍を愛した。十三歳のとき、彼女はカーン市の尼僧院に入り、他の貧しい貴族の娘たちとともに養育されたが、信仰を求めずして、もっぱら読書に親しんだ。

　当時、十八世紀哲学思想は全国の僧院までも席巻《せっけん》した。彼女はつねにプルタルコスの英雄伝を熱読して、不朽の名誉のために身命をなげうつのを、憂国者の天職と信ずるようになった。のち、尼僧院は廃せられ、父はすでに再婚していたから、彼女はカーン市に住む伯母ブレットヴィーユ夫人の家に寄宿することとなった。祖国のためにマラーを殺さんとの決意は、この伯母の家で固められたのである。ある日、伯母はシャルロットの双眼に涙の光るのをみとめた。「これこそフランスのための涙、両親のため、伯母上のための涙、あのジャン・ポールの生きているかぎりは」と彼女はつぶやいた。

いよいよパリに発足するとき、彼女はおりから裏庭で遊んでいた一人の貧しい少年に、かたみの画用紙を与えてキスしたが、少年の頰には彼女の一滴の涙が落ちた。一巻のプルタルコスが旅の道づれであった。彼女は当時アルジャンタンに隠棲していた父を訪れて、それとなく別れを告げ、駅馬車に便乗してパリに向かった。カーン市を出たのが七月九日(水曜)、マラーを崇拝する山岳党の荒らくれ男数名と彼女とを乗せた駅馬車は、十一日(金曜)の正午ごろパリについた。彼女はヴィユ・ゾーギュスタン街のプレヴィダンス旅館に軽い行李をおろした。

翌朝、代議士デュペルレを訪ねて、郷里から託された紹介状を手渡すつもりであったが、デュペルレは議会へ出席して不在であったので、彼女はむなしく宿へもどり、その日は終日プルタルコスを読んですごした。その翌日、彼女はパレ・ロワイヤルの売店で、黒檀の柄のついた大型の鞘入り匕首を求めた。あたかもそのころ、マラーは病のために議会を休んでいたので、シャルロットは彼を自宅に訪ねねばならなくなった。

七月十三日（日曜）の夕、七時ごろ、彼女は宿を出た。固き決意は彼女に「平和準備の第一日」とささやく。ヴィクトワル広場で乗合馬車に乗り、ポン・ヌフをわたって、医学校街のマラーの宿の戸口で降りた。「民衆の友」の名にふさわしい貧寒なアパルトマンであった。戸口で門番の女と多少の押し問答はあったが、家の中から民衆の友がガマのような声で、「はいってよし」とどなったので、彼女はそのまま、おりから入浴中の彼と会見することができた。

湿疹に苦しんでいた彼は、よごれた毛布で上半身をおおいながら、清楚な彼女を迎えたのであった。入浴中の男が婦人を引見するような不作法も、当時はさまでに異例ではなかった。ことにシャルロットはあらかじめ、マラーに至急親展の手紙を送って、カーン市におけるジロンド党の動静を報告するという意中をつたえてもあり、かたがたマラーの方でも、その緊急な要件を知らなければならなかった。それほど当時の革命政府《コンヴァンシオン》は危機におそわれ、外患と内憂に苦しめられていたからであった。

シャルロットは凶行後間もなく、ラベイの獄に送られ、十六日朝、さらにコンシェルジュリーの獄に送られた。断頭台にのぼったのは十九日（土曜）の午後七時。獄から革命広場の刑場に行く途中、にわかに大雷雨となったが、囚人馬車が刑場につくころには、夕日が雲間からもれはじめた。彼女は身首ところを異にする瞬間まで終始沈着であった。

刑死前、シャルロットの裁判は十五日、十七日に行われたが、弁護士ショーヴォー・ラガルドの説によれば、彼女がひとたび法廷にたつと、裁判官や陪審官や傍聴者の方が、かえって最後の審判に付せられた罪人の群れのごとく、彼女一人が審判者ではないかと疑われるほどであったという。両度の裁判におけるシャルロットの答弁は堂々たるものであった。裁判官と彼女との問答、

「殺害の動機は。」

「彼の罪悪。」

「殺害の目的は。」

「祖国の平和。万人のために一人を除くこと。私はすでに革命以前より共和主義者であった。共和主義者には勇気がある。」

「勇気とは。」

「祖国のために個人の利害を犠牲にすること。」

「たれが汝をしてマラーを憎ましめたか。」

「たれでもない。私一人で憎んだ。」

「憎悪の暗示を与えられたか。」

「真に自己の心より発せられねば決行力はない。」

「彼を殺しても、彼のあとには幾多の彼があるのではないか。」

「されど、一人の悪漢を屠れば、他の同類は慴伏《しょうふく》するであろう。」

「殺害の意志はいつごろからか。」

「六月二日、共和主義のジロンド党悲運の日から。」

ついで死刑を日常茶飯事と心得た検事総長フーキエ・タンヴィルがさらに、「かくばかり見事に殺害を完行せる以上、犯人はあらかじめ修練するところがあったのか」とたずねたとき、シャルロットは満面に怒気をみなぎらせ、断固として答えた。「私はあなたがたのような殺人常習者ではない」と。フーキエ・タンヴィルは恥じて答うるところを知らなかった。

ふたたびカーライルの言を引けば、

「……かくて世にもうるわしきものと、世にも醜悪なるものとが、たがいに衝突して相殺した。ジャン・ポール・マラーとマリー・アンヌ・シャルロット・コルデーとは突如として早や亡き人々となった。これがシャルロットのいわゆる平和準備の日なのか。これで平和が可能なのか、平和が準備されるのか。静寂な尼僧院のうちに住む乙女たちの心が、愛の天国や光明を夢みることもなく、いたずらに古代アテネの最後の王ゴトラスもどきの犠牲や、ところを得た死を夢みているあいだは、そもそも何ができよう。フランスの二千五百万人がシャルロットのごとき心意に到達することがすなわち無政府状態《アナーキー》なのである。その精神がここにあるのだ。なんの平和の具現であろうか。マラーの死は従来の憤恨をさらに増大し、いかなる生よりもはるかに悪質のものとなろう。あわれ薄幸なる汝ら両人、たがいに相殺せる美と醜よ、安らかに眠れ、汝らを生める慈母のふところに。

これこそ、シャルロット・コルデーの歴史である。きわめて明確かつ完全、菩薩のごとく、夜叉のごとく、はたまた流星のごとく！」（柳田泉訳）

後日談

シャルロット・コルデーが刑死してから、さまざまなうわさが立った。彼女は生前、青年士官アンリ・ド・ベルザンスと言いかわしていたとか、ジロンド党の代議士バルバルーと恋仲であったとか、青年貴族ボアジュガン・デュ・マングレと許嫁であったとか、さては裁判官ブーゴン・ロングレーと相許していたとか言いはやされたが、ことごとく信ずるに足らぬ道聴途説である。

一般には、どの書物にもシャルロットは美人であったと書いてあるが、それがどこまで真であるか。生前、彼女を見たことのある人々は「顔は卵型《オヴァール》、眼は青くて鋭く、鼻のかたちがよくて、口もとも美しくてしまっていた。髪は栗色で、腕や手は画家や彫刻家のモデルにもふさわしかった」のみならず、「顔色が乳汁のようにすきとおって、バラの花のごとく、モモの実のごとく、きめがこまかく、皮膚の血色がユリの花びらをすかして見るようであった」といわれている。「たちまち顔をあからめる性質がゆかしく、近づく人の心をやわらげ、表情がいかにもおだやかで、声にうるわしいひびきがあった」

これなら美人の資格は十分にあるのだが、これとうらはらの評もないではなかった。「世間では彼女を美人扱いにしたが、じっさいは美人ではなく、肉づきががっしりした烈婦型で、雅致にとぼしく、世の女文士か哲学女性のごとく不潔であった。顔がいかつく、人相が不敵で、多血の丹毒型であった」ともいわれている。

これでは、後世の好事家はいずれを信じてよいのかわからなくなる。しかし一般のシャルロット伝を総合してみると、まず美人だったというのが定説で、眼も青くてかがやき、鼻も口もかたちがよく、相は柔和で威厳もそなわり、身ごなしも優雅であったという点ではおおむね一致している。背たけは高かったとも低かったともいわれているが、彼女がマラー殺害の決意をもってパリへ発足したときのパスポートによれば、身長五ピエ一プース（ざっと五尺一寸）ということになっている。フランス人としては中背か、やや低い方であろう。パスポートを訳出すれば、

「通行許可。マリー・コルデー。メニー・アンベール生まれ。カルヴァドース州、カーン管区、カーン市居住、二十四歳、身長五ピエ一プース。髪、眉、いずれも栗色。眼は灰色、額ひろく、鼻長く、口は尋常。あごは円くして下割れ、顔は卵型」等々。

原文は、

Laissez Passer la citoyenne Marie Cordet, natif du Mesnil-Imbert, domiciliée à Caën, district de département du Calvados, âgée de vingt-quatre ans, taille de cinq pieds un pouce, cheveux et sourcils châtains, yeux gris, front élevé, nez long, bouche moyenne, mouton rond, fourchu, visage ovale, etc. ……

画家オーエル作のシャルロットの肖像は、彼女がまさに刑場に赴こうとした際に描

かれたものであるが、その肖像では彼女の髪はブロンドに彩られていた。しかしシャルロットが感謝のしるしとしてオーエルへのかたみに、みずから切って与えた一束の髪は灰色がかったブロンドであったと、画家の未亡人がのちに述べている。人によっては、明色の栗色であったとも記しているところから察すると、ほんとうはブロンドと栗色との中間と思えば大過なかろう。シャルロットの最期について、三たびカーライルをわずらわそう。

「……革命広場（刑場）においても、シャルロットの顔には、依然としておだやかな微笑がただよっている。刑吏が彼女の脚をしばろうとすると、彼女は拒む、侮辱されると思ったからである。が、一言説明されると彼女も快諾してそれにしたがう。準備は完了した。最後の行事として、刑吏たちは彼女の首からネッカチーフをとり去る。乙女のはじらいが、うるわしい顔からほほにつたわる。刑吏が切りはなされた首をとりあげて民衆に向けて示したときにも、ほほにはまだその紅潮が残っていたという。フォルスター（ドイツの科学者・思想家）はいう。『刑吏が侮辱して彼女のほほを打ったのは、まったく事実である。私はわが眼でそれを見た。警官はそれがために彼を投獄した』」（同前）

別の書物によると、その刑吏の名はルグラスというので、そのルグラスがシャルロットの蒼白に変じた首をつかんで、ほほに一撃を加えると、死人色の顔はさっと紅潮を呈したとある。ところで、問題はすでに蒼白に変じた死人の顔が、打たれて紅くなることがあり得るや否やである。ある医者はあり得ると主張したが、多数の医者はあり得ないと断じている。あるいはいう、おりからさした夕陽が、死せる佳人のほほを赤く照らしたのではないかと。

死後のシャルロットに加えられた悪口は、彼女が妊娠四カ月であったという流説である。すでに、法廷においても醜吏フーキエ・タンヴィルがことさらいやがらせに、「子どもはいく人あるか」と彼女にたずねたが、そのときも彼女はかっとなって「未婚であるとすでに確答したではないか」と答えた。

処刑の後に行われた死体解剖は、数名の医師の立会いの結果、彼女が処女であったことが立証された。しかも、その死体解剖には画家のダヴィッドも、小説家のレティフ・ド・ラ・ブルトンも臨席したのだが、このエロ小説家はシャルロットが浄い女性として終始したのがいかにも残念らしく、

「この怪物は処女でもあり、婦徳に忠なる淑女でもあった。換言せば童貞であった」

と吐き出すように書いている。

シャルロットの死体は、パリのアンジュ・サン・トノレ街のマドレーヌ墓地の墓穴第四号と第六号とのあいだにある第五号に埋められたのであった。第四号はルイ十六世、第六号にはシャルロットの死後間もなく、オルレアン公フィリップ・エガリテの死体が、革命広場から送られて、葬られる運命を担った。

しかるに、不思議なのは、葬られたシャルロットの死体は胴体だけで、首の行方が久しくわからなかったことである。ところが、十九世紀にいたって、シャルロットの頭蓋骨を所有している人物があった。それが骨相学にくわしいローラン・ボナパルト公なのである。しからばローラン公は、その遺物をたれからゆずりうけたかというと、ジョルジュ・デュリュイからであるが、そのデュリュイ氏の言によると、

「……ある日、自分はルスラン・ド・サン・タルバン夫人――コルデー家と親戚にあたる家柄――の家を訪れたところ、部屋の戸だなが半ばひらかれていて、のぞくと頭蓋骨がみえる。それが問題の遺物であった。死んだ夫が大切にしていたものだから、自分も大事にしているが、あんまり気味のいいものでもなし、子どものおもちゃにもならないから戸だなのなかにしまっておく」

と夫人は答え、遺物のほかに証拠書類までも保存していた。

その頭蓋骨は、ルスラン氏自身が古物商から買ったものだが、古物商はそれをある売立てで手に入れたのであった。古物商の話によると、さる熱烈なシャルロット崇拝者が、革命政府当局の許可をえて発掘したのだそうである。ルスランは大革命の闘将ダントンの秘書であったし、シャルロットの親戚でもあった。のみならず、ダントン自身も彼の糟糠《そうこう》の妻の死体を死後一週間を経てから掘り出して、ドーゼーヌという男に型をとらせ、恋女房の半身像をつくらせたほどであるから、ルスラン家にシャルロットの頭蓋骨が保存されていたのも、さまで不思議ではない。

一方ローラン公の話によると、ルイ・フィリップ王の治世に大臣をつとめた男が、ある日、ルスラン・ド・サン・タルバンの夕食に招かれた。大革命時代に名を知られた婦人も臨席するという前ぶれであった。しかるに、訪れた大臣は、食卓にそれらしい婦人の影もみえなかったので失望したが、彼の席のナフキンの下に頭蓋骨がおいてあった。これが今夕のごちそうでございます、といって、ルスランはシャルロットのかたみについて始終を物語った。しかし、それがはたしてシャルロットの頭蓋骨であるや否やは確証を得られなかった。のちにこの遺物がローラン公の所有となってから、公は五人の人類学者に、それがはたして犯罪者の頭蓋骨であるか否かを鑑定させた際に、三人は肯定し、二人は否定したということである。

ところが、一説では、ルイ・フィリップ王時代にルスランがある夕食のデザート・コースで客人たちに見せたのは頭蓋骨ではなく、アルコールの大ビンに漬けたシャルロットの生首だったそうである。近々剝製にする決意で、その夜は記念のために客人に示したのであった。俗説によれば、頭蓋骨にせよ、アルコール漬けの首にせよ、遺物が好事家の手から手にわたるようになったのは、そのはじめ、大革命期の知名な断頭吏サンソンが、ひそかにシャルロットの首を売ったからであろう。サンソンは表向きは革命政府に忠なる吏僚として、うらでは断頭業を商売にしていたとつたえられている。彼の子孫が、なみなみならぬ富を積んだことが、なによりの証拠だというのである。しかし首切りサンソンは、実はカトリックの信者で、代々王党派の家柄に生まれ、人間としても尊敬するに足る男だった。このことは項を改めて語りたい。

オーム（鸚鵡）は語る

筑摩書房のヴァレリー全集第十三巻、芸術論集（1）に「ドガ・ダンス・デッサン」（吉田健一氏訳）という興味の深い一章がある。その一節、ヴァレリーの《私はマラルメがドガを断頭台に送ろうとして苦心するという興味のある想念に捉《とら》われた……》という言葉に、ぼくは一方ならず好奇心を誘われたのだが、ヴァレリーがこんなことを考えて興がるには、並々ならぬ因縁があるのだ。

フランス革命の恐怖時代に、ブルボン王家の復位を図ってプロシャ軍がフランスに侵入して来た。その時にヴェルダン市の乙女らが、花や白色のブルボン王家の旗をかざして、プロシャ軍を歓迎したために革命政府に捕えられて、無残な死刑に処せられたのであった。ユーゴーの「ヴェルダンの乙女」という詩にも歌われた名高い事件であるが、ドガの祖父は——当時小麦の仲買商であった——その乙女らの一人と許嫁《いいなずけ》であるという容疑を受けたのである。一命も危うくなったので、彼はある日、突然パリから姿をくらましてボルドーへ高飛びすると、そこから商船に便乗して、難をナポリに避けたのであったが、そのままナポリに住みついてしまった。もともと才能のある男であったらしく、相当に成功したので、ゼノアの貴族の娘と結婚して一家を成した。後に画家となった孫は、こういうわけでイタリア人の血を受けているのである。

　ところで、ドガの祖父を反革命の容疑者として捕えようとした一味に、詩人マラルメの、直系の祖父ではないが、同じマラルメ家の身内の祖先に当るフランソア・オーギュスタン・マラルメと呼ばれる人物があった。吉田氏の訳によると、彼は一七五六年ごろ、ローレーヌに生まれ、長じて、ムルト州の代表として立法議会に出席し、次いで国民公会議員となり、ルイ十六世の死刑可否を採決した際には、それに賛同した一人であった。革命暦第二年雪月《ニヴォーズ》（一七九三年十二月）、彼は公安委員会によって、「公安維持及び革命政府の確立」を目的とする特殊の任務を託されて、ムアーズ州ならびにモゼル州に赴くに際して、ヴェルダン事件を調査することとなった。彼としては、法律の峻厳な規定通りに、事件の関係者を残らず検挙して、革命裁判所に送るほかはなかった。その結果、三十五人の被告（そのうち十四人が乙女で、十八歳が年がしらであった）が断頭台で首をはねられた。後に、ムルト州を代表する議員として、マラルメの代わりにシャルル・ドラクロアが選挙されたが、これは画家ユージェーヌ・ドラクロアの父、というよりも養父である。

画家ドガは、きわめてわがままで、がんこで、怒りやすく、しかも趣味のすぐれた通人でもあったが、骨を刺す毒舌家でもあった。彼は親友でもあり、かつ温雅な君子でもあったマラルメの好意さえ素直に受け容れず、かんしゃく玉を破裂させて、時には、暴れまわるほどだったので、さすがのマラルメも堪えかねて、《私も一度は巧みに按排《あんばい》された、美しい、少しもそつのない激昂は試みたく思うけれども、ああいうでたらめな怒り方は真っ平だ》と嘆いたこともあったのだ。そこで、ヴァレリーは想像のいたずら心から、彼らの祖先の歴史を顧みて、《いかに温厚なマラルメでも、まれには、手のつけられぬドガを断頭台に送りたくなったでもあろう》と考えて、ひとりでほくそ笑んだのであろうと思う。

さらに、吉田氏の訳によると、ドガは幼年時代に母に連れられて、パリのトゥルノン街に住んでいたルバ夫人を訪れたことがあった。夫人は革命政府没落の熱月《テルミドール》九日（一七九四年七月二十七日）に、ピストル自殺を遂げたジョゼフ・ルバの妻で、良人のルバは恐嚇《きょうかく》政治家サン・ジュストやクートンとともにロベスピエール幕下の有力者であった。訪問を終えたドガ夫人が息子の手を引きながら、玄関まで来ると、彼女はそこの廊下の壁にロベスピエールやサン・ジュストやクートンの肖像が掛けてある

のに気がついて、思わず、

《貴方はまだあの悪魔たちの肖像を……》

と、とがめると、ルバ夫人は、

《お言葉をお慎みになってね、……この方たちは聖者でした》

と答えたそうである。

　この夏、ぼくは、図らず、カバネスの『秘密室』という本を読んだが、その中の、「ロベスピエールの私生活」という一節に、たまたまルバ夫人のことが語られてあったので、ひとしお興味をそそられたのである。

ルバ夫人の名はエリザベット、パリのサン・トノレ街の豊かな指物師デュプレの娘である。姉のエレオノールとロベスピエールとの間には婚約が交わされていたらしく、この革命家は一七九一年の夏から刑死した一七九四年の夏まで三年間、デュプレ家の部屋を借りて住んでいたのである。

　夫は自殺し、ロベスピエールは断頭台に登り、革命政府は倒れ、夫人も投獄され、獄舎から獄舎に移されて、憂き月日を送ったが、後にゆるされて寿を保つことができた。彼女が恐怖時代のもなかに生んだ忘れ形見の一子フィリップは後年、王后オルタンスによってルイ・ナポレオン（後のナポレオン三世）の家庭教師に招かれ、知名の考古学者・言語学者ともなった人材で、一八五四年ごろには、彼はソルボンヌの図書館長として令名があった。至って孝心深く、毎土曜日にはパリから程遠からぬフォントネー・オ・ローズという町に住んでいた老母の許を訪れて、なぐさめ労《いた》わることを欠かさなかった。

当時ルバ夫人の隣人にアメデー・ラトウールという医者がいたが、その医者の話によると、老夫人は大きなオームを愛育していた。時折、医者が訪れると、オームは歌をうたっていた。それが、ラ・マルセイエーズの首句《祖国の子らよ今日ぞ栄あれ……》であったり、《サ・イラ・サ・イラ》(革命当時の俗謡)であったり、《ヴェトー夫人(マリー・アントワネット)の腹の底……》という一くさりであった。ある日のこと、医者が夫人に、

《なかなか革命的なオームですな》

と話しかけると、夫人は、にわかに改まって、

《聖者マキシミリヤン・ロベスピエールの秘蔵の鳥でございますもの……》

と答えて、胸に敬虔《けいけん》な十字を切ってから、

《久しく聖者のお世話をしたデュプレ家から譲り受けました》

とさらに付け加えてまた十字を切った。そのころは老夫人も熱心なカトリック信者に

なっていたにもかかわらず、血なまぐさい革命家ロベスピエールを聖者とも崇めて、キリストと同列において礼拝していた。彼女がロベスピエールの名を呼ぶ時には、必ず十字を切って、聖者マキシミリヤンの尊称を冠するのであった。ある時、彼女は医者に、《オームの傍らにいらしって、ロベスピエールとおっしゃってごらんなさい》といった。医者は鳥かごに近づいて、《ロベスピエール——》と呼ぶと、鳥は双の翼をひろげて、《脱帽！　脱帽！》と答えるのであった。ついで、医者は老夫人に教えられるままに、《マキシミリヤン！》と問うと、鳥は、《殉教者！　殉教者！》と答え、《熱月九日《ル・ヌフ・テルミドール》》と問うと、《不吉の日！　不吉の日！》と答え、重ねて、《聖者マキシミリヤンはいずこに》と問うと、《天に、イエス・キリストの傍らに！》と答えたという。

ルバ夫人は一八六〇年に永眠した。しかしオームはきわめて長命な鳥で、百年以上も生きることがあるそうであるから、夫人の死後にもなお生き残ったらしい。

一体、フランス大革命の人物では、何といってもミラボーとダントンが快男児の双璧で、群を抜いている。二人に比べると、ロベスピエールは一段も二段も落ちる。彼は金銭の点でも、婦人関係でも、全く非難がなく、清廉居士《せいれんこじ》といわれたほどの人物であったが、どうも、陰険で気どり屋で、いや味があって、どことなく気に食わない。

いやなやつという感が常に彼の言動にともないがちであったらしい。しかしルバヤルバ夫人やデュプレ家の人々や、そのほか彼に親近した連中、ことに一般の女性からは恐ろしく崇拝されたものである。彼はむしろ小男であったが、なかなか衣装には神経質で、身ぎれいで、言葉づかいも丁寧で、君子の外貌――男から見れば偽君子なのだが――を備えていた。

由来女性にとっては、真に精神的な男と精神家ぶる男との識別が至難のわざであるらしい。ロベスピエールは一種の精神家ではあったが、それ以上に精神家らしくふるまう男であった。それのみでなく、彼の思想にはほとんど独創が無いのである。彼の書いたり、語ったりした思想は、ことごとくルソーの繰り返しにすぎなかった。その点では、彼は正にルソーのオームであった。

〔注〕ドガ（Degas）はドゥガースと読むのが正しい。

ロベスピエールの死

フランス革命は十八世紀末、フランスに起こった事件だが、時間的には、革命前と革命後にわたる事件であり、空間的にはヨーロッパのみならず、世界的な射程《ポルテ》を有する事件でもあるから、その歴史を研究すれば限りがないが、ただ漫然と文献を読むだけでも、後から後から別の文献をあさりたくなるほど誘惑されて、ついにはフランス革命マニヤになるのではないかと思われる。私などはまだほんの駆けだしの漫読者で、口はばったいことをいえた義理ではないが、それでも、折にふれて、思い出したように革命史をひもといてみると、いつでも引きこまれて、津々《しんしん》たる興味が湧いて来るのである。

先ごろ、畏友小牧近江氏の『ロベスピエール――フランス革命の父』を一気に読了して、またまた革命史漫読者たる楽しみを味わったが、その開巻「夜明け前」という一章に次の一節がある。

「一七七五年、ルイ十六世即位の翌年のことである。新国王はパリへの晴れの行幸をした。ルイ王は、王妃マリー・アントワネット同伴、ノートル・ダム寺院に参詣した。それから、公式鹵簿《ろぼ》はプログラム通り、聖ジュヌヴィエーヴ寺院に向かった。

その日はどんよりした空模様だったが、天候は次第に険悪となり、やがて、はげしく降る雨はいつ止みそうにもなかった。サン・ジャック街の坂道へさしかかったころには、たださえ重苦しい四輪馬車はぬかるみのため、二進も三進もゆかぬほどだった。そこで、ルイ・ル・グラン学院の門内でしばしの雨宿りをすることになった。ここは一七六三年以来、学問の府で、当日エスイット派教職員の一団は、ここで国王の通過をうやうやしく奉迎することになっていたのであった。奇しき運命は、図らずも、旧きもの、新しきもの、二つの制度の象徴のめぐり合わせとなったが、この時、あらかじめ受持のエリヴォ師によって用意されていた『国王に奉る頌詩《しょうし》』を朗読した生徒があった。マキシミリヤン・ロベスピエール、時に十七歳、ルイ十六世は二十一歳であった。

二十一歳のルイ十六世に頌詩を奉呈した十七歳の秀才ロベスピエールは、その時から十八年後、革命政府の重鎮として、ルイ十六世を断頭台にのぼせ、ついで王妃をも同じく断頭台上に屠ったのであった」

私はいかなるフランス革命史を読んでも——といっても数種にすぎぬが——ルイ十六世やマリー・アントワネットの刑死や、わずか十歳のルイ十七世の世にも痛ましい横死のくだりを読むたびごとに、悲運の王家の最後を悼《いた》み、落涙をとどめ得ぬのである。数年前の秋、荒畑寒村氏と対談の夕、氏から親しく聴いた話を想い出す。かつて幸徳秋水が師たる中江兆民に述懐して、「自分はフランス革命史を読んで、ルイ十六世が断頭台に登るくだりにいたるごとに、何ともいえぬいやな気持になる」といったら兆民が、「自分もまたそうだ。万一、自分がその時群集の中に立ちまじっていたなら、時を移さず断頭台に駆け登って、刑吏を突き倒し、ルイ王を抱いて逃がれたであろう」と答えたという。正にたれしも、そう思うのが至当で、それは主義の如何ではなく、ユマニテの問題なのである。

小牧氏の『ロベスピエール』を読むと、小牧氏がロベスピエールを敬愛していることが察せられる。ところが、私はいかなる革命史を読んでも、ロベスピエールという人間を好きになれない。それのみでなく、小牧氏のような濁らぬ良心、温厚な人格者がどうして狭量な、嫉妬深い、理想家ぶるマキシミリヤンを愛惜するのか、とまで思うのである。恐らく、これは私の偏見かも知れぬが、何となく私にはあの清廉居士《アンコリュプチブル》が偽善者としか見えない。ミラボーもダントンもデムーランもビヨー・ヴァレンヌも、マラーさえも、それぞれ許しがたい弱点を持っているにかかわらず、その弱点にさえ親しみを感ぜしめるが、ロベスピエールには心がないように思われる。

そもそも、ロベスピエールを好むか好まぬか、という問題は、実は、フランス革命是非の問題と密接な関係があるので、そうたやすく決定し得る葛藤ではない。将来も、この好悪是非は永く分かれることであろう。が、それはそれとして、最も私の興味をひくのは、ロベスピエールに関する自殺（未遂）説と他殺（未遂）説である。一七九四年熱月《テルミドール》十日、午前二時ごろ、失脚したロベスピエールがパリ市庁に立てこもって再挙を図《はか》っている際に、突然、一憲兵メルダが室内に躍り込んで、彼に近づいて撃った拳銃の弾が彼に重傷を負わせたという説と、メルダが迫り来るのを見て、ロベスピエールは今はこれまでと覚悟を定め、かねて用意の拳銃を取り出して自殺しようとしたが、仕損じて重傷を負うたという説とがある。

箕作元八博士は自殺説を採って、「……ロベスピエールはなおも獄中（市庁）に在りて反対者を倒す計画をなしつつありしが、……敵党《テルミドリヤン》の憲兵が、いよいよ彼を引き出さんと獄中に来たるを見るに及んで、ついに彼は拳銃をもって自殺を図りたり。しかれども彼はわずかにあごを打ちしのみにて死に切れず、血だらけのままにて刑場に曳き行かれ、その徒党九十四人と共に、自ら刑罰的殺戮《さつりく》の最後の犠牲となりたり」といっているが、「わずかにあごを打ちしのみにて死に切れず、血だらけのままにて刑場に曳き行かれ」というのは事実の誤りではないが、革命政府の倒れたのは熱月九日の夕、ロベスピエールが左のあごを撃たれて数枚の歯が砕け、あごがはずれたのが十日午前二時ごろ、彼の刑死は十日の夕であったから、革命政府の没落とロベスピエールの重傷と、刑死まではほとんど一日のへだたりがある。

ところで、箕作博士が自殺説を採ったのは、博士がパリ大学に学んだころは、あたかも、オーラール教授が革命史講座の主任であったので、従って博士はオーラールの自殺説を継承したのも当然であった。しかも自殺説は当時は定説でもあったのである。しかるにオーラールが退いて後に、その講座を襲うたのがフィリップ・サニャック教授である。サニャックはオーラールの自殺説を採らずに、ロベスピエールは憲兵メルダの拳銃で撃たれ、左あごに重傷を負うたという説を採った。その証拠には、当夜ロベスピエールの所持していた拳銃は、調査の結果、使用された形跡がない。発火の痕《あと》をとどめていなかった、と主張している。しかるに、サニャックもその後講座を退いて、ルフェーヴル教授が代わった。では、ルフェーヴルは前教授の他殺説を採ったか、前々教授の自殺説を採ったか、というと、その点はすこぶるあいまいなのである。「ロベスピエールは拳銃の一発で砕かれたあごを持った。恐らく、彼は自殺しようと思っていたのであろう」と書いている。つまり、他殺説には疑いを持つが、さりとて、自殺とも極めにくい、といった態度なのである。正に折衷説である。

パリ市庁に立てこもったロベスピエールが、同志から強く再挙を勧められた時、彼は何故に再挙の布告に署名することをしぶったのだろうか。その時の態度はいかにも優柔不断であった。頽瀾《たいらん》を既倒に返す革命家の意気がおとろえて、蒼白な人道主義者の狐疑逡巡が目に立って歯がゆい。周囲から迫られてやむなく Ro……と署名した、その字に勢いが無く、いじけている。彼が Ro まで誌したその時にメルダが飛びこんで来て彼を撃ったのであった。その夜、彼一味と対立してチュイルリー宮に集合していた熱月党《テルミドリヤン》は、革命政府を倒すには倒したが、ロベスピエール一統を全滅し得る自信はなかったのである。パリ市民もまた、革命政府の退陣を知ってはいたが、なお未だ去就に迷って、すこぶる動揺していた。ただ、死を賭して断行する勇気だけが敵味方に必要であった。市庁とチュイルリー宮との中間にあるカルゼル広場には砲兵隊が待機していた。もしパリ衛戍《えいじゅ》司令官アンリオーが泥酔していなかったら、砲門は当然チュイルリー宮に向かって開かれるはずであった。まことに間髪を容れぬ好機を革命政府は逃がしてしまったのである。しかもそれがロベスピエールの似而非《えせ》ルソー的な反省癖に基づいているように――少なくとも私には――思われる。

由来、ロベスピエールの議会における演説なども、直ちに人の肺腑《はいふ》を衝く力に乏しい。少々綺麗事である。彼の文章癖というか、気どりというか、自分独りが真理の奉仕者といったような甘いところがあり、表現に持ってまわったいや味がつきまとうのである。ミラボーやダントンの男性的な迫力が足らぬ。悪くいえば、常に抽象的革命の口説きといったところがある。彼が青年時代、アラスのロザティ詩会の一員として時々書いた下手な詩を想い出させるのである。

〔注〕熱月党《テルミドリヤン》――ロベスピエール一派を倒したテルミドリヤンを一般に熱月党と呼んでいるが、テルミドリヤンは党というほどの組織をもっているわけでもなく、ただただロベスピエールを打倒しなければ、真の革命政治は貫徹し得ずと信ずるテロリストが一方にあり、他の一方にはロベスピエールを葬らなければ自分たちが断頭される、食うか食われるかの、瀬戸際に立った連中がいる。この方はいわゆるだら幹で、真の革命主義者ではないのだ。ビヨー・ヴァレンヌ、コロー・デルボア、ヴァディエ、アマール、レオナール・ブールドンなどは前者に属し、タリアン、ルジャンドル、フレーロン、チュリオ、ブールドン・ド・ロアーズ、ロヴェール、メルラン・ド・チオンヴィルなどは後者に属する。前者は革命後のいかさま政治下ではほとんどことごとく失脚したが、後者は

妥協と堕落の境地を選び、おおむね後の政権に便乗して俗臭ふんぷんたるブルジョア生活を送った。

断頭吏サンソン

前に私は、シャルロット・コルデーについて一文に草した。フランス大革命の末期、一七九三年の七月十三日、シャルロットは革命の大立者の一人マラーを刺し殺し、同月十九日、革命広場の断頭台上で、この二十五歳の佳人は首をはねられたのであるが、彼女の首だけは埋葬を免かれて、彼女の死後、頭蓋骨として――一説にはアルコール漬けとして――好事家の手から手へ渡った。しかも、そうした経緯も、大革命期の知名な断頭吏サンソンが、ひそかに、シャルロットの首を売ったからであろう。サンソンは表向きは革命政府に忠なる吏僚として、うらでは断頭業を商売としていたと伝えられている。彼の子孫がなみなみならぬ富を積んだことが何よりの証拠だという。

ざっと、以上のような次第を、私は俗説に拠って誌したのだが、一九五三年の夏、「信濃毎日」の町田梓楼氏から、フランス革命に関する面白い記事を読んだから、大革命に興味を持っている君にお目にかける、という通信とともに、一九五一年のメルキュール・ド・フランスの二月一日号と十一月一日号が私の机上に届けられた。二月一日号が「断頭吏サンソン」、十一月一日号は、「ルイ十六世の刑死」で、筆者はロジェ・グーラール、フランス古文書学会の古記録を調べて二つの記事を成したのである。

グーラールによると、首切り役人サンソンは、代々ルイ王家に忠誠な家柄の主人で、熱心なカトリック信者で、紳士で、断じて役目を利用して私利をはかるような男ではなかった。彼の名はシャルル・アンリ・サンソン、一七三九年に生まれ、一八〇六年に死んだ。首切りは三代にわたる家の業であった。パリッ子で、少年時代から従順で、身だしなみが良かった。学校には通わず、家庭に神父を招いて教育を受けたのは、首切り役人の子として学校教育に従いにくかったのであろう。二十代の彼は中肉中背の青年紳士、好男子で、言葉づかいも正しくてやわらかく、風姿も端正で空色の服がよく似合った。ルイ十五世末期に、サンソン流の服装がもてはやされたのも、彼の好みがすぐれていたからであろう。

彼の誠実謹直は全生涯を通じて変わらなかった。彼の知識欲には見るべきものがなかったが、つとに狩猟と園芸に心を用い、隣人を愛し、その愛は家畜にも及んだ。彼の妻もまた、きわめて温良で家事にいそしみ、よくしゅうとに仕えた。長男も父と同じ名のアンリ、後に父と家業を同じくしたが、要するにサンソン一家の私生活は、着実で豊かで静かで、由緒ある旧家の暮らし向きであった。

この一家の近い親戚もほとんどことごとく首切り役人で、サンソンを名乗っていたから、それぞれ住所の地名に従って、トゥールの旦那とか、プロヴァンスの旦那とか呼ばれていた。同じ街の人々は宗家サンソンの邸を刑吏の家《メゾン・デュ・ブーロー》と名づけ、その主人が狩猟と園芸を好むところから牧歌的刑吏《ブーロー・ビュコリック》とも称えていた。

彼は日ごろ、農民の強欲と政府の税金の取り立ての厳しいのを憎んで、大革命の標語の一つである友愛《フラテルニテ》の虚偽を憤って、「そもそも何が友愛だ！」と嘆いていた。彼の息子も、父祖の勤王の志を継いで、「我ら一家はことごとくおいたわしいルイ十六世王を愛し奉った」と、いつも述懐していた。サンソンのルイ王家に対する忠誠が革命政府の忌諱《きい》にふれて、彼は一度投獄されたことさえあった。ルイ十六世の刑が宣告された時、彼は自らの手で王首を断つに忍びず、革命政府に辞職願を提出したが、すでに狂乱状態に陥っていた政府は、サンソン一家を族滅する恐れがあり、かたがた妻や子の悲嘆や衷情《ちゅうじょう》にほだされて、やむなく恐ろしい任務を果たす決意を固めたが、国王断頭の命令を受けた日、彼は全く失神してしまった。王の処刑後、サンソンは悲しい思いに閉ざされ、ひたすら家に引きこもって亡き王の冥福を祈っていた。彼の長子アンリは一七九五年（革命が終った翌年）父の業を継いだが、これまた熱心なカトリック信者であった。アンリは、国王次いで王后の刑死の際、父の助手として、断頭台上で苦しい任務を果たしたのであった。

断頭台上におけるルイ十六世の、王の名にそむかぬ態度に深く感動したサンソンは、当時の新聞「ル・テルモメートル・デュ・ジュール」の主筆に書を送って、「何人も国王以上に確固たる宗教的信念に徹してはいなかったと自分は今なお信じて疑わぬ」といった。革命政府の下で、かかる言をはくには異常の勇気を要する。彼は市民としても、義務に忠実であり、その人格を高く買われていたので、人道的断頭吏の異名を与えられたほどであった。革命家カミーユ・デムーランは、「おれはネコをネコと呼ぶが如く、サンソンを首切り役人と呼ぶ」(新聞「レ・レヴォリューション・ド・フランス・エ・ド・ブラバン」紙上)と書いて罰金を科せられた。

死刑囚が馬車に乗せられて革命広場の刑場に導かれる際に、サンソンは常に囚人らの背を馬の方に向けて車中に座らせ、断頭台を見せぬように注意した。彼は断頭台をギロチンと呼ぶことをはばかって、ただ機械《マシーヌ》といい、部下にも断頭刃の刃《クプレ》ものと呼ばせずに、断ちもの《トランシャン》といわせたほど心を遣った。サンソン手ずから処刑したのは、ルイ十六世とマリー・アントワネットの二人だけだという。彼の王家に対する敬愛の念と、死刑囚に対するあわれみの情が、鬼畜のような当年の検事総長フーキエ・タンヴィルの忌《い》むところとなったのは怪しむに足らない。

ある時、ダントンの刑死の態度について、革命裁判所の検事ラングロアと生下戸のサンソンとの間に、次のような問答が交わされた。

「あの時、ダントンは酔っぱらっていたのじゃないかね」とラングロアが、死に際しても大言壮語したダントンにケチを付けようとする。

「私よりも酔っていませんでした。堂々たるものでした」とサンソンはおだやかに答えた。

マリー・アントワネットは死に臨んで、「急いで下さい」とサンソンに懇望した。フィリップ・エガリテ（ルイ十六世の従兄）も、「早く頼む」と促した。サンソンは素早く処理させた。彼はいつも死の苦痛を出来得る限り軽くするために、部下をしてきわめて敏速に事を運ばせた。二十一名のジロンド党員が三十分間、三十一名の司税官が三十五分間、五十四名の赤シャツ組が二十八分間、十二名の反革命囚人が二十分間、革命政府が倒壊し、フーキエ・タンヴィルを含む十五名が二十分間、で手際よく彼岸に送られたのである。シャルロット・コルデーが刑場に送られる間、サンソンは彼女を懇ろに慰めて、「心を安らかに持たれるように」といたわった。シャルロットは馬車の中でも座らずに立ったままで、その上、断頭台に背も向けずに直視しながら、

「好奇心から見たいのです」といったそうである。

死刑囚が死を観念すると、かえって死に急ぐようになり、仲間の死を視たがらずに、自ら先に死にたがる。そこで、仲間の死を見とどけて最後に死ぬのが最も勇気を要するのである。ロラン夫人が将《まさ》に刑せられんとするや、彼女は傍らなるラマルシュという男を彼女よりも先に死なせて下さい、とサンソンに頼んで、「女の最後のお願いをお断りにはなりますまいね」といったので、サンソンは独断でロラン夫人の所願を容れた。神父サリニャック・フェヌロンが刑死せる時も、神父が貧しき人々のために最後の祈りを許されたい、と懇願したので、サンソンは快くそれを許した。ルイ十六世の死後、サンソンの健康は目に見えて衰え、とかく病気がちになり、ついに一七九五年八月に職を辞した。

今日、パリのマドレーヌの寺院のある場所に、かつてナポレオンは大ナポレオン軍の戦勝記念の殿堂を建立しようと思って計画するところがあった。ある日、偶然サンソンはそこで皇帝と会ったのである。その時、その場にいたルスタンというエジプト騎兵が、サンソンを皇帝に引き合わせたのであった。ナポレオンはサンソンに、

「お前はそこで何をしていたのか」

と問うと、サンソンは手に持っていたラシーヌの悲劇の一巻を示した。ナポレオン

はそれを手にとって、

「お前の名は？」

と重ねて問うた。

「陛下、私は断頭吏サンソンでございます」

と答えると、ナポレオンは、手にしたラシーヌを地上に投げ捨てて、更に、

「お前は一七九三年（恐怖時代）には役目を果たしていたのか」

とたずねた。

「左様でございます、陛下」

「万一にも、他日、余に対する反動が起こったら？　不逞の徒が事を挙げたら？」

「陛下、私はルイ十六世を処刑いたしました」

皇帝の顔色はみるみる蒼白に変じ、

「その書物を拾って、早々余の前から立ち去れ」

と命じた。

サンソンは一八〇六年、六十七歳で死んだ。墓はパリのモンマルトルの墓地に在る。

ルイ十六世の最期

サンソン家は首切りが世襲の業で、一六八八年から一八四七年まで続いた家柄であった。フランス大革命時代の当主はシャルル・アンリ・サンソンであるが、累代の王党でカトリック信者の家系である。彼の兄弟も、一人はトゥールにおいて、一人は、初めプロヴァンス、後にヴェルサイユにおいて断頭の職に就いていた。

一七九三年一月二十日（日曜）シャルル・アンリ・サンソンは、革命政府の検事総長から命令を受けて、翌二十一日、革命広場において、ルイ・カペ（十六世）の首を断つべき旨を知らされた。

革命広場は、以前ルイ十五世広場、現在のコンコルド広場であり、ルイ十六世処刑以前の刑場は、グレーヴ広場（現在の市庁広場）か、あるいはレユニオン広場（現在のカルゼル広場）が当てられていた。断頭命令を受けたサンソンは一時失神状態に陥り、命令を拒否すれば一族滅亡の危険さえあったので、妻や息子アンリに説得されて、心ならずも王の首をはねる決意をしたのである。

　彼は周到な注意をはらって、革命裁判所に対して、翌日の手順を問い質した。王が幽閉されていたタンプル塔から出発の時、特別仕立の馬車か、あるいは普通の死刑囚を運ぶ護送車か。処刑後、王の死体をいかに取扱うべきか。サンソン自身か、あるいは彼の部下が午前八時にタンプル塔に王を迎えに出むくのか。もし彼自身が出むくなら、彼はいかなる場所で待機したらよいか、などであった。

　彼は時を移さず、その夜のうちに、腹心の大工ピエール・デモレストに命じて、革命広場に、断頭台《ギロチン》を組立てさせた。

　処刑日の朝（一月二十一日、月曜）、大工デモレストは自ら組立てた断頭台の傍らで、サンソン父子の来るのを待ち受けていた。かねて、身だしなみが良く、作法の正しいサンソンは、白い幅びろのネクタイ、暗緑色のフロックコートを身にまとい、シルクハットを頂いていたが、王の来たるや、うやうやしく脱帽して処刑の終るまでは、再び帽を手にとらなかった。息子アンリは、栗色のフロックコートに、シルクハットであった。

　サンソン父子とデモレストの三人は、連れ立って断頭台の上に登っていって、断頭機を検分して、断頭刃を三度上下して滑走のぐあいを確かめた。王の到着は十時十分、暗緑色の四輪馬車で、王と神父エッジュウォルトが並んで奥に座し、憲兵中尉と曹長が前に控えていた。王を迎えたサンソンは規則に従って、王の上衣を脱がせようとしたが、王はそれを欲せずに自ら脱衣した。次いでサンソンは、規定通りに、王を後手に両のこぶしを縛《しば》ろうとすると、王は激しく抵抗したが、その剛力には息子アンリも驚いて、ヘラクレスのように強い人だった、と形容したほどであった。このいたましい抵抗で王のシャツはびりびりに裂けた。サンソンはエッジュウォルト神父に目くばせして、王に処刑者のなすがままになられるように注意した。

その時に、神父が歴史に名高い勧告を敢えてしたのだという。

「陛下、新たなるこの凌辱《りょうじょく》の中に、陛下とやがて善果を賜う神との末期のお姿の相似が現われております」

という言葉である。この言葉を聞くと、王は天を仰いで、

「その通りだ。かかる侮辱を受けるのは、神の例に倣うことにほかならぬ」

と答えた。サンソンは、王がふと落したハンケチで、素早く王の後手を縛った。次いでその機会を利して礼儀を守って、首まで垂れ下がっていた王の髪をはさみで適当に切り取った。王はその時も自ら髪を切ろうと申し出られたが、それは許されなかった。

サンソンは、王に断頭台のせまい急な階段を指して、王の登るのを助けようとしたが、王はそれを拒んで、エッジュウォルト神父だけが王を支えて登った。断頭台上の床《プラット・フォルム》の上で、神父が王に、《聖ルイの御子よ、天に昇りたまえ》といった、とはいかなるフランス革命史にも見えるが、果たしてこの言ありしや否やは、後にこのことについて問われた神父自身に確かな記憶がなく、その時、サンソンの助手としてその場にいた息子アンリも、そういう神父の言は聞かなかったと述べている。

断頭台のプラット・フォルムに立った王は、サンソンの勧めに従って、後ろ向きのままで断頭機に近づいた時に、声を励まして、群集に向かって叫んだ。

「人民よ、余は罪なくして死ぬる」

それからさらに、サンソンとその二人の助手（息子アンリとデモレスト）を顧みて、

「諸君、余は人々の科する罪に当る者ではない。余は余の血がフランス人の幸福の固めとならんことを切望する」

といった。これが、ルイ十六世がこの世に残した最後の言葉であったという。やがて王は、断頭板の上にうつ伏せになって、なわで板に固くくくられても激しく身をもがいたので、神父が王をなだめるのに骨を折った。王が断頭機の首穴（リュネット）に首を差し入れる時、王の首が太かったので穴にしっくりはまらず、その上首の位置

が少し狂っていた。

ついに、十時二十分に、断頭刃がかまちの溝を滑り落ちて来た。王は絶叫した。刃がうなじと下あごを砕いたが、首が完全に断ち切れず、もう一度、刃を押してようやく首が落ちた。こういうことになったのも、サンソンがこの時まで一度も断頭を手がけたことがなく(恐らく彼が自ら断頭したのは、王と王后マリー・アントワネットの二人だけだったという話である)、従って手ぎわも拙だったらしい。

しかのみならず、王に対する深い同情から、自分も生きた心地もなかったのであろう。息子アンリの言によると、「父が王の髪をつかんで民衆に示した時——これが当時の習慣であった——父は気分が悪くなったので、私が父よりも背が高く、体も大きかったので、父の感動と涙とを、身をもってかばって、群集に見せないように努めた。もしその感動と涙がかくし切れなかったら、父も私も死刑に処せられる憂いがあったからである」と述懐している。王の刑死後、サンソンの健康は著しく衰え、常に人を避けて王の冥福を祈りつづけながら、殊勝な晩節を送ったのであった。

口さがないパリ雀は、王の没後、サンソンが故王の服装のつづれやシャツの切れはしや、服のボタンなどを好事家連に高価に売ったといううわさが立った時に、サンソンは直ちに「愛国的文学年報」に書き送って、「遺物の微細な一片といえども、わが家の者が手をふれたり持ち出すことを私が断じて許さなかったのが真実である」と公言した。一九三六年二月二十一日競売所、オテル・ドルオーの入札に、ルイ十六世処刑に用いられたといわれる断頭刃が、百二十五万フランで、さる無名の好事家の手に落ちた。極書《きわめがき》には、「一七九三年一月二十一日に使用されたものらしい」とある。これはサンソン家に伝えられたもので、後に蒐集家のデュボア、ド・ブレ、レーノーといった人々の手に渡り、レーノー氏の子孫が競売に出したものであった。

ルイ十六世は、処刑前夜の夕食も、処刑当日の朝食も平日と変わることなく十分にしたためたそうである。処刑の翌月、二月十八日の「毎日寒暖計《テルモメートル・デュ・ジュール》」という新聞紙上で、サンソンは質疑に答えて、「王は終始、われわれを驚かすほど冷静で毅然としていられた。この態度は宗教の原理から汲み取られたものに相違あることなし」と断言している（ロジェ・グーラルの手記に拠る）。

結語（老若問答）

ぼく――どうも、昔から今まで、真に善良な、温順な人間が戦争や革命のために、どれほど犠牲になったことか量《はか》り知られないね。この数年来、折にふれて、さまざまのフランス革命史を読んでみたが、左翼的な革命史でも、右翼的な革命史でも、読めば読むほど革命というものがいやになる。革命の理論が革命の行動によってゆがめられ、誤られ、ふみにじられなかったためしは、ただの一度もなかったろう。と老書生は苦い顔をしている。大学院風来坊は、老人ほど消極的ではない。

S――ぼくは絶対的に暴力を認めない社会主義、温雅な共産主義が好きなのですがね。

ぼく――アナトール・フランスなどが、まずそういう手合だ。彼は共産主義者なのだが、およそ暴力をともなう如何なる主義でも赦《ゆる》すことが出来ないのだ。国家間の戦争でも、社会的の革命でも、断固として排斥する。彼は、近代思想の大精神の一つである民主主義すら、実は、厳めしく見せかける、しかも往々血生臭い痴愚にすぎない、といっている。

S——それは、真の民主主義ではなくて、民主主義の仮面をかぶって帝国主義が横行するからでしょう。現代のソ連は正にそれで、アメリカもそれでない、とは断言できませんからね。

ぼく——そういう民主主義が今も跡を絶たないので、各国の良市民が悩みつづけているのだ。アナトール・フランスは、すべて、過激な思想は種類を問わず憎んでいるのだ。だから、たとえ正義といえども、その正義に殉教的な熱意が加われば、それは暴行と選ぶところはない。それほど彼は人間性を憐れんで、人間の行動を警戒しているのだ。彼の傑作『神々は渇く』を読むと、彼の反革命思想がよく解る。神々とは、フランス大革命の恐怖時代（ジロンド党の敗北からロベスピエールの刑死まで、一七九三年五月三十一日—一七九四年七月二十七日）を巻き起こした血に渇するテロリストの群れを指すので、人間が一度権力を獲ると、すなわち神々になると、目も当てられぬ残虐行為をたくましくする、という哲理がこの小説の眼目なのだね。

S——悲しいことですが、日本人はシナ事変や太平洋戦争で、戦争の惨めさは、どうやら解ったようですが、革命の恐ろしさは、まだ解っていないらしいですね。革命は思想の当然の帰結だ、などと早合点するのは、そもそも革命小児病者の甘い夢でしょう。

ぼく――特に青年は、革命という妄動を無自覚に思想化して、その上、理想化しているらしい。全く、危険極まるクリスタリザションだ。古来、革命が便乗者やいかさま師によって、ゆがめられ、非人間化されなかったためしが一つでもあるだろうか。史家テーヌは、大革命もその直前の政治も直後の政治も込めて、フィヤスコ（大錯誤、大失敗）と断定しているのみならず、フランス革命自体が「オームののどを持ったサルに指導されたラバやウマの人間に対する叛乱だ」と極めつけている。なるほどと思うことも、思う時もあるな。最近に読んだ『マリー・アントワネット』（ツヴァイク著、高橋・秋山両氏訳）によっても、革命という怪しい現象はのろうに足るね。

S――ぼくも読みましたよ。あれを読むと、マリー王后のためには涙を惜しまなくとも、革命家の群れに対しては、ただただ憎悪と公憤が胸に湧きあがります。

ぼく――わしは、あの『マリー・アントワネット』を良書として、推薦したいね。同じ著者、同じ訳者の『ジョゼフ・フーシェ』も実に面白かった。

S――オーストリアの名女王とうたわれたマリア・テレサの姫君、嫁して仏国王ルイ十六世の后となって、たまたまフランス革命に会したために、断頭台上で首を切られるという数奇な運命には、たれだって、同情の涙を惜しみませんね。
ぼく――小《プチ》トリアノン宮に住んで、粋で華やかなロココ趣味に囲まれた若き王后時代の肖像と画家ダヴィッドが描いた断頭台上の王后のスケッチとを比べてみたかね。
S――比べてみました。断頭台の王后は三十八歳でしょう。が、ダヴィッドのスケッチでは、すでに五十近い婦人と見えますね。幽閉されたタンプル塔の牢獄住まいから革命広場の断頭台上に登るまでの月日はほんのわずかだったのに、あれほどふけるものかと思うと、その間の心痛労苦も想われて慄然としますね。
ぼく――全くだ。ダヴィッドの描いたスケッチを、じっと眺めていると、すでに目前に迫っている死なども物の数とも思わぬ、悟りきった尼僧の面影もあるし、同時に、鬼畜のごとき革命家群の凶器を虫けらのとげほどにも思わぬ毅然たる心意もほの見えて床しいな。ところで、あのダヴィッドという画家だが、彼は革命時代には、ジャコバン党員として、ロベスピエールの部下を務めながら、後には、ナポレオンの戴冠式に際しては、成金皇帝即位の大幅を、ぬけぬけと描きあげたのだからな。いわゆる革命家などは百人中の九十九人までは、まず便乗者ときめていいだろう。もっとも、便乗派にも、非道いしたたか者もいるからね。ナポレオン、タレーラン、フーシェその他大勢……

S——心細いですね。

ぼく——革命家群が心細いよりも、およそ人間自体が情けない代物ではないのかね。それだからこそ、アナトール・フランスの分身ともいうべきジェローム・コアニャール先生が、「およそ人間というやつらは、大なるも、小なるも、それ自体において、恐るべく忌むべき獣類にほかならぬ……自分は人間に対しては何等のイリュージョンをも有《も》っていない。故に、自分は人間を憎まざらんがために軽蔑するのだ。……ただ、人間相互の軽蔑こそ、地上に平和をもたらす……されば為政者が人間を指導しようと思うなら、彼らがサルにすぎぬことを常に忘るべからず」という憎まれ口をたたくようにもなるのだろう。

S——そういう小父さんも、時々は厭人的になって、コアニャール先生をなつかしく思うこともあるんでしょう。

ぼく——かつては、まれにそんな気持になったこともあったが、このごろでは、ひどく鈍くなってしまって、万事あきらめる方に傾いている。これも老年の動脈硬化かな？

S——その気味はありますね。善かれ悪しかれ、革命は青年の仕事ですからな。ロベスピエールが刑死したのが三十五歳、サン・ジュストが二十六歳、クートンが三十八歳、パリ市長フルーリオ・レスコーが二十九歳。パリ衛戍司令官アンリオーが三十三歳、ダントンが三十四歳、マラーが四十九歳、ミラボーが四十一歳、ルバが二十九歳、デムーランが三十四歳、ミラボーだけが病死で、マラーは暗殺、ルバは自殺、他はことごとく断頭台の餌食でしょう。

ぼく――その他の目ぼしいやつらも、おおむね若造だった。だからぶちこわしは見事だったが、建設面はすこぶるさびしいな。要するに、フランス革命は、「青春にして智あらば、老年にして力あらば」という古い格言を、いつまでも想い起こさせる。

鬼才ボーマルシェ

——「泣くが厭《いや》さに笑い候」……理髪師フィガロ

カロン・ド・ボーマルシェ
(1732-1799)

『セヴィラの理髪師』と『フィガロの結婚』は、一つはロッシーニの、一つはモーツァルトの作曲にかかるオペラとして、日本でも一般に知られているが、原作はいずれもフランス十八世紀の劇作者ボーマルシェの手になる脚本である。この二つの劇はその書きおろし以来、フランス国立第一劇場コメディー・フランセーズにおいても、第二劇場オデオンにおいても、絶えず繰り返して演ぜられ、芝居好きなパリ人士を常に興がらせている。歴史的に考察すると、この二つの劇はルソーの『社会契約』やモンテスキューの『法の精神』やヴォルテールその他百科学者の群れの著作に追随して、フランス革命の近因ともなった傑作として挙げられるものであるが、今日になって現に舞台で演ぜられるのを観ると、両作ともきわめて甘い、全く興味中心のお芝居で、要するに文学的レヴューの価値を与えらるるにすぎぬだろう。ただ文学的レヴューとしては、確かに第一流というべく、特に『フィガロの結婚』にいたっては、平俗にしてしかも華やかな恋愛を中心として、貴族の無為、放縦、堕落を伯爵アルマヴィヴァに、庶民の反抗心と機略とを腕のフィガロに配して、警句や機智に充《み》ちた幾多の面白い場面を積み重ね「もの皆唄《うた》でおわる」という陽気な唄の結句にいたるまで、徹頭徹尾観客を歓ばすたぐい稀な傑作に相違ない。

おもうに、十九世紀末にエドモン・ロスタンが『シラノ』を描いて、ドレフュス事件以来とみに沈滞した軍国主義に甦生の息を吹き込んで、伝統的な尚武の気風に浪漫的な花を咲かせたが、十八世紀末の『フィガロ』が永年の専制政治からまさに解放されようとする庶民の代弁者として、一世紀後の『シラノ』と対立しているのは偉観である。『シラノ』も『フィガロ』もともにフランス一流のエスプリ・ゴーロワと派手な感傷主義とを充分に利かせた民衆戯曲中の珍品である。

『フィガロ』の作者ボーマルシェ。これがまた桁《けた》はずれの変り種で、フランス革命前のごとき乱脈な世相からでなければ決して生れぬ鬼才中の鬼才であった。彼はほとんど事業狂とも形容すべき仕事師で、生れはパリの時計屋の息子だが、貴族の地位を金で買い、時の政治家や財政家と結んで檜舞台に乗り出し、私設外交官のような役割を務めるかと思うと、莫大《ばくだい》な身銭《みぜに》を切って『ヴォルテール全集』の出版者となったり、武器の調達者となってアメリカの独立戦争を援《たす》けたりした。金も儲けたが損もした。

劇作は空前の当りをとったが、それは彼の波瀾に富んだ一生から観ればむしろ余技の観がある。彼は思想においてはあくまでも民衆の味方であったが真の革命家となるにはあまりに反語的で懐疑的であった。

「自由がそもいかなる実を結ぶか。この苦き芽は必ずや賢明なる制裁を伴う法律に接《つぎ》木《き》せられねばならぬ」という彼の晩年の述懐は、大革命の体験からえた苦言としてことに貴いのである。フランス革命の激しさは、彼の漸進的な改革主義をはるかに超えて、血で血を洗う狂気沙汰に燃え上るのを視ては、彼は心から戦慄して、苦悩する市民とともに方針を誤ったと思った。大革命を期として彼の目的は齟齬《そご》し、稀有《けう》な鬼才も揮《ふる》えば揮うほど自らの不利となって面白からぬ晩年を淋しく閉じたのである。幸い彼は劇作者として数種の作を書き、なかんずく『セヴィラの理髪師』と『フィガロの結婚』を傑作として後世に遺《のこ》すことができたから、我らフランス文学専攻の学徒からも研究の対象とされるが、彼のごときその全生涯を働きとおし暴れぬき、楽しみほうだい楽しんだ男は、「後世自分の劇作が研究の題目となるのを墓の中で知ったら、「とんだ暇人《ひまじん》もあるもの哉《かな》」と破顔一笑することだろう。

一七八〇年代におけるフランスの社会を顧みるに、もろもろの新思想がむらがり起って、社会の四隅に波のように拡がっていった。いたるところにサロンが開かれ、哲学的論議はおのおののサロンを壟断《ろうだん》していた。その中でも特に著名なのはレスピナス嬢を主人公とするサロンであった。百科学者や貴族や外国の名士の群れがこのサロンを訪れて、誰も彼も新思想の代表者のごとくふるまった。客たる資格はただ進歩《プログレ》の説を支持して専制を憎みイギリスを崇拝するだけで足りた。これら貴族ないし有閑階級のサロンにおいては、おおむね百科全書ならびに、ヴォルテールの影響が支配していたのである。

また一方においては、同じく上層社会の懐疑的な嘲笑的な人士から排斥されたたにもかかわらず、ルソーの影響が同時に浸みこんでいった。十九世紀浪漫主義の母といわれるスタール夫人の文学的第一歩がジャン・ジャックの讃美によって踏み出されたのは広く知られている。素朴な自然への憧憬や飾らぬ田園情調が人心を強く刺激して、芝居の背景すら伝統的な幾何学的なヴェルサイユ式庭園よりもむしろ英国風の鄙《ひな》びた、自然を歪めぬ風致に近づいたのである。妃マリー・アントワネットさえ、トリアノン宮において羊飼いの娘に扮して、ひたすら田園趣味に耽って楽しんだ。

しかるに一度上層の階級を離れて民衆の中に下ると、世相はさらに真剣味を帯びていた。民衆はすでに自然の感情と戯れてはいなかった。自然感は彼らの心に充ち魂を熱していた。社会の上層においては思想は精神の体操や娯楽にすぎなかったが、下層においては栄養とも希望ともなったのみならず、一転して生存の理由ともなっていた。すなわちヴォルテールの影響のうすれてゆく辺《あたり》にルソーの勢力が著しく濃くなってきたのである。ジャン・ジャックこそ階級的差別観によって虐《しいた》げられた、昂然たる第三階級の魂の慰安者であった。名もない一青年がパリの街頭に立って、傾聴する群衆に『社会契約』を解説していた。それが後年のジャン・ポール・マラーであった。ある版画家の娘は日ごろ崇拝するルソーの姿を垣間《かいま》見んものとプラトリエール街まで出向いたり、夜は部屋に籠って愛する文豪の著作に読み耽《ふけ》り、ついに身を以て『新エロイーズ』を生活する運命を担うにいたった。それが断頭台上に消えたローラン夫人であった。ミラボー、スタール夫人、マラー、ローラン夫人、この四者には特にジャン・ジャックの感化が強く深いのである。

ヴォルテールの思想とルソーの思想とにさらに代表的百科学者ディドロの思想が加わって一丸となり、当時なんぴともすでに永続を欲しなかった現在の社会を解体する潮流に溶け入ったのであった。この三大家が植えつけた自然感、すなわち生存欲、知識欲、ならびに現存の専制を嫌ってこれに代る他のものを求めんとする念慮がまさに爆発せんとした精神的混乱期に、初めて『フィガロ』が演劇の舞台に現われたのであった。

架空な『フィガロ』がすでに時代の産物である以上にボーマルシェは、それに輪をかけた破格な時代の産物であった。彼は階級制度がまだ存続し、身分の隔てが個人的能力を重く圧していた時代に、驚くべき個性を発揮して社会のあらゆる柵を乗り越え、立身出世の道を拓《ひら》いた不思議な男であった。

彼の本名はピエール・カロン、パリ、サン・ドゥニ街の時計商の店で生れた（一七三二年）。彼は父の業を継いで若き時計製作者として腕を磨いたが、古典的教養を獲得する事も怠らなかった。単なる職人として一生を送るには彼の野心は少々大きすぎた。彼は苦心の結果、指輪に嵌め込むほどの小さな平たい時計を考案して、ポンパドゥール夫人やルイ十五世の姫君に献上し、王家の信用と寵愛とを恣《ほしいまま》にするようになった。加えて、彼は音楽の才が豊かであったので、いつのまにか流行に先んじて竪琴《ハープ》を弾ずる術を巧みに修得して、王の姫君達の音楽教師となった。自由に宮廷に出入するようになってからは、彼は知名の財政家パリ・デュヴェルネと結んで相当の資産を作るには抜け目がなかった。金ができると彼は貴族になりたくなった。そこで、王の秘書官と狩猟官の役を買ってまんまと貴族になった。貴族になってみるとピエール・カロンという名では幅が利かないので、最初の妻の所有地ボーマルシェを採って、カロン・ド・ボーマルシェと名乗った。加賀の前田といった具合である。こんな事は綱紀の紊乱《ぶんらん》した十八世紀のフランスでは珍しくもなかったらしい。しかし、彼の出世ぶりは生れながらの貴族からは憎まれた。貴族達は、平民あがりの彼をなにかにつけて軽蔑するような態度に出た。しかるに、彼は生得の貴族よりも腕で獲た貴族たる事をむしろ誇りとして、「拙者は地位を買った受け取りを持っている」と公言した。ある日ヴェルサイユ宮の廊下でさる貴族が成り上りの彼を侮辱するつもりで、辞令だけを恭々しくして、実は懐中時計が破損したから、ちょっと大兄に調べて頂きたいと彼の目の前に時計を突きつけた。すると、彼も恭々しく、私は誠に手先きが不器用で時計の修繕は不得手でございます、と答えたが、相手は、それでもなお執拗に頼むので、彼はやむを得ず時計を手に把《と》った後、故《ことさら》に指の間からそれを床の上に落してしまった。毀れた時計を慌てて拾い上げた相手を顧みて、不敵な彼は、それだから申さぬ事ではない、某《それがし》は手先きがいたって不器用だと、な、と言い放って、後も見ずに去ったそうである。

彼の名声は年を経《ふ》るに従って増大した。ことに彼の名をフランスの国外までも響かせたのは、一七六四年のクラヴィホ事件であった。クラヴィホはスペインの文学者で、ボーマルシェの妹の許婚者であったが、結婚のまぎわになって破約した。愛妹の名誉を理由なく、釈明もせずに傷つけられて、ボーマルシェは単身マドリードに乗り込んだ。彼はこの破約事件をスペインの社会問題にまで煽《あお》りたてて、クラヴィホをして破約を取り消させたのである。しかるに、クラヴィホは表むきには和解を装いながら、陰にまわって竊《ひそ》かにボーマルシェ投獄の狡計をめぐらしていた。ここにおいてボーマルシェは異常な勇気と術策とをふるって、敵地に在りながらただ独りでスペインの大臣大官を初め多くの敵を相手にして問題の重大性を誇張し、スペイン王宮にまで入り込んで説得し、ついにクラヴィホの社会的地位を粉砕してしまった。

一七七〇年、彼のパリ・デュヴェルネの相続者たるド・ラ・ブラーシュ伯との間に一大訴訟問題が起こって、彼は十三万九千リーヴルの金額を請求された。この訴訟は、控訴院では彼の勝訴となったが大審院では敗訴の宣告を受けた。彼は一方にド・ラ・ブラーシュ伯と争う傍ら、その事件の主任判事たるゴエスマンとの間にも訴訟を起こし、判事夫人に貸し金があると主張した。これらの訴訟事件を彼は四巻の『回顧録』に綴って、その縦横無碍《むげ》の才筆に一世を驚嘆せしめたばかりでなく、ゴエスマン排撃の輿論《よろん》を醸《かも》し出すと同時に、ついにゴエスマンとともに当時のモープー内閣不信任の機運まで作ってしまった。彼の名作『セヴィラの理髪師』はかかる闘争の片手間に書かれ、上演された（一七七五年）のであった。

常に野心に燃え、驚異的な事業に饑《う》えていたボーマルシェは劇作の成功ぐらいではとうてい満足してはいられなかった。彼は間もなく、ヨーロッパの諸国を訪れて、ルイ十六世やマリー・アントワネットに対する中傷を鎮撫《ちんぶ》する私設外交官のような役目を引き受けて東奔西走したが、時あたかもアメリカ独立戦争が勃発《ぼっぱつ》した。腕の男がかかる絶好の機会を見逃がすはずがない。彼は機運に乗じてフランスの国威を発揚すると同時に、自分もたらふく儲けてやろうと直《すぐ》に肚《はら》を決めて、政府の内諾のもとに十数隻の運送船を仕立てて、巨多の戎器《じゅうき》を独立軍に輸送した。もし彼の目算どおり独立軍が金を支払ってくれたら、一躍大金持になるところであったが、この大事業で彼の獲たものは無鉄砲な名声と莫大な損失であった。しかも三面六臂の彼は外国の戦争に手を貸しながら、国内においては劇作者の利益を擁護する運動を唱道して、今日の劇作家協会の基址《きし》を築くと同時に、損失を忘れてヴォルテール全集の上梓に尽瘁《じんすい》した。もちろんその全集は今日からみれば完璧を以て許すことはできぬにしても、すでに外国に散逸した文豪の文献までも丹念に蒐集して余力を剰《あま》さなかった点は、当時として最善の努力を傾注したものというべきであった。その他彼は国家の財政問題にも関与し、蒸気ポンプを利用してセーヌ河の水をパリ市内に供給するごとき公益事業にも携わりながら、自分の享楽主義を充分に満足させることも決して忘れなかった。かくて一七八四年、物議に物議を重ねた末ようやく上演の運びにいたった『フィガロの結婚』の大成功は、彼の全生涯における得意の絶頂であった。

やがて、フランスの天地が暗くなってきた。彼の賑かな反語は、ようやく時代の空気と相容れなくなった。ついに大革命がきたのである。彼が贅を尽くして新築した邸宅があたかもバスチーユ監獄の正面であったのが運が悪かった。当年のバスチーユは民衆の呪詛《じゅそ》の象徴であった。狂える民衆の眼にはボーマルシェの壮麗な家もバスチーユの延長と見えたのであろう。当時ミラボーに敵視された事も一因となって、彼はいかに良市民の資格（ジヴィスム）を弁疏《べんそ》しても甲斐がなかった。彼は疑われ、監視せられたあげく、戎器隠匿《いんとく》の名のもとに私財を掠奪されるにいたった。間もなく彼は革命政府から銃の購入のためオランダ派遣を命ぜられたにもかかわらず、理由のない嫌疑によって一時アベイの獄に投ぜられた。アベイの獄から釈放されると彼はさらに革命政府の海外商務官としてオランダに赴き、銃の購入に尽瘁したが、政府の命令が一途に出でず、彼の信用も旧《もと》のごとくではなかったから、南船北馬の骨折りも結局甲斐がなかった。やがて、彼の名は亡命者の名簿に記入せられ、三年の間彼はオランダやベルギーやドイツの各地を放浪してつぶさに窮乏を嘗《な》めた。

革命後、執政官政府の時に彼はようやくパリに帰来することができて、久しぶりで離散した妻や娘達とささやかな家庭生活を営むことができるようになった。当時、彼はすでに老境に入って耳は全く聞えなくなり、生活にも余裕が乏しくなったが、意気は毫も衰えず、常に快闊で、書を読み、文を売り、一七九二年には前述の二作と併せて三部作を形づくる『罪の母』を書いて残んの闘志を発揮し、彼の最後の仇敵たりし弁護士ベルガスを槍玉にあげたが、老いはいよいよ迫ってきてついに十八世紀の最後の年に、稀に見る風雲児も波瀾重畳の幕を閉じた。

この奇智警句湧くがごとき快楽児、いかに困難な事業――文芸、政治、外交、商業、工業――にも真向からぶつかって、いたるところで問題をひきおこし、訴訟の種を蒔《ま》き、巨額な富を獲たかと思うと莫大な借金を背負いこみ、自ら楽しむと同時に人をも楽しましめたボーマルシェはまことに十八世紀末の最も複雑な人物であった。彼は生涯を通じて多くの敵と多くの味方との間を華やかに賑やかに、絶えず鳴り物入りで送り続けた。あらゆる権謀術数を弄して敵を破り敵からも傷つけられたが、彼は断じて陰険な男ではなかった。もし陰険に対して陽険という形容詞があり得るなら、彼は正に陽険な怪男児であった。彼のごとき人物こそ、旧時代が終り新時代が始まらんとするめまぐるしいばかりの混乱期の代表的存在といってよかろう。

『セヴィラの理髪師』の筋はここに精《くわ》しく述べるまでもない。若きアルマヴィヴァ伯爵は佳人ロジーヌに恋しているが、ロジーヌの後見人バルトロ国手が厳重に監督している。それというのも、バルトロ自身が年甲斐もなく、竊《ひそ》かにロジーヌを妻にしたいからであった。そこで、伯爵は機略に富んだ理髪師フィガロの策と術とに頼って、バルトロの横恋慕を出し抜き、めでたくロジーヌと結婚する。

『セヴィラの理髪師』においてボーマルシェが操った題材はすでにモリエールが『女大学』で描いた題材と同工異曲にして、圧制的な権力で身を鎧《よろ》う老年に対抗して青春を擁護する思想に特に新味があるわけではない。しかし、この劇によって、十八世紀の通弊でもあった客間《サロン》の滑稽趣味は、久しぶりで再び街頭に出て自由な空気を呼吸したと言えよう。加えて、舞台をパリに採《と》らずスペインに求めたのも、当時として多少の新しさを伴っていたろうが、しかもそれ以上に注目に値いするのは、作者がフィガロという人物に異常な重味を与えている点である。フィガロは一個の下僕にすぎぬが、それはすでにモリエール喜劇に出てくるスカパンやマスカリーユの同類ではない。フィガロは社会における下僕の地位を自覚している。彼は下僕の不満と反抗心とを体し、下僕が世に処して生活を完うするには、いかなる哲理によりいかなる手段に訴えて上流の搾取に備えなければならぬか。そこにフィガロの使命と闘争とがあり、そこにやがて来らんとする時代の平等と自由とが——おそらく夢として——横たわっているのである。

『セヴィラの理髪師』に次ぐ『フィガロの結婚』が初めて上演を許されたのは一七八四年であったが、この劇が公許を得るにいたるまでには、すったもんだの論議が幾度も重ねられた。旧制度《アンシャン・レジーム》に対する反抗、揶揄《やゆ》の露わなこの劇が、国王からも官権からも禁遏《きんあつ》されるのはむしろ当然であった。しかるに明敏な作者は、新奇を好み、快楽を追い、スキャンダルを求めてやまぬパリっ児の心理を見抜いて巧みに観衆の好奇心を煽《あお》り、結局王侯も官権も、その上演を許さざるを得ぬように四囲の情況を有利に導くほどの凄腕《すごうで》を揮《ふる》った。この劇は、最初には、特殊のサロンにおいて、三百人の貴顕の面前で試演せられ、ついでフランス座において公開されたのである。実に華々しい成功で、新作を観んものとフランス座に押し寄せた群衆の熱狂ぶりは空前であった。劇場の入口では、押すな押すなの騒ぎで、踏み殺されたり負傷した観客も数名に及んだと伝えられている。『セヴィラの理髪師』では、アルマヴィヴァ伯爵とロジーヌとの結婚が主となっているが、『フィガロの結婚』においては用人フィガロと腰元シュザンヌとの結婚が主になっている。かつてフィガロの策略によって首尾よくロジーヌを妻として迎える事もできた伯爵は、ようやく夫婦生活に倦怠を覚えてシュザンヌに食指を動かし、一度廃棄した「初夜の権」を悔やみはじめる。そこでフィガロは愛するシュザンヌと夫婦になるために、あらゆる知恵を搾《しぼ》って伯爵夫人や侍童シェリュバンを巧みに操縦しつつ、伯爵のみだらな野心を退治してシュザンヌと結婚する。

この劇においては、フィガロはすでに恋する男女に仕える脇師ではない。下僕ではあるが彼自身が恋の仕手である。下僕はあくまで主人と対等の地位に立って一人の女性を争うのである。しかも下僕は智謀においても、戦術においても、勇気においても主人を遥かに凌駕《りょうが》している。

ボーマルシェはこの劇において、アンシャン・レジームを曲庇《きょくひ》する堕落貴族、不正の法律、不正の権力、不正の政策に極力反抗して、思索の自由、言論、著作の自由を擁護せんとした。彼は明らかに社会の一方に無能と享楽とがあり、他の一方に才能と貧困とが厳存するのを指摘している。それはすでに作者一人の思想ではなく、十八世紀哲学や百科学者の群れによって唱道せられ、民衆に支持せられて、フランス全土に弥漫《びまん》した社会常識でもあった。ある夜、伯爵邸の庭の一隅に佇《たたず》んでシュザンヌを待ち焦れているフィガロの独白にもその辺の消息は明らかに表明されている。

「……いけませんよ、伯爵閣下、彼女《あいつ》ばかりは渡せません……渡して堪《たま》るものか。

貴方は豪勢な殿様というところから、御自分では偉い人物だと思っていらっしゃる！　貴族、財産、勲等、位階、それやこれやで鼻高々と！　だが、それほどの宝を獲らるるにつけて、貴方はそもそも何をなされた？　生れるだけの手間をかけた、ただそれだけじゃありませんか。おまけに、人間としてもねっから平々凡々。それにひきかえ、この私のざまは、くそいまいましい！　さもしい餓鬼道に埋もれて、ただ生きてゆくだけでも、百年このかたエスパニヤ全土を統治《おさ》めるぐらいの知恵才覚は搾りつくしたのです。ところで、貴方はこの私と勝負をなさるおつもりですな。……」

という文句で始まる例の長独白《ながぜりふ》は、ユーゴーの『エルナニ』の長独白と相俟《あいま》って、フランス演劇史上最も名高いものである。

今日ではフィガロの独白のごときは、狂言に出てくる太郎冠者が馬鹿殿様を誑《たぶら》かす軽い笑劇ほどの思想内容にすぎぬが、これが維新前なら、封建諸侯に対する反抗的劇作として作者は重刑を科せられたでもあろう。

ボーマルシェの劇や名高い『回顧録』の文章は対話体としてほとんど完成の域に達したものといわれている。その才華、機智、滑稽、真に端倪《たんげい》すべからざるものがある。

しかしながら、それはモリエールの喜劇におけるがごとき、内部から、自然に滾々《こんこん》と湧いて出る文章とは自ら異っている。彼の文章を精細に読んでみると効果を意識し、反省を重ね、技巧を凝《こ》らして作り上げた跡が感じられる。精巧な、緻密な機械を見るような印象を与えられるのである。彼の文章や劇の構成を批評して、さすがに時計屋の倅だけあって、秒を刻み分を計《かぞ》えて過たぬこと時計のごとし、と言った批評家がある。

とまれ、ボーマルシェという男は、奇《く》しき時勢に生れ、奇しき運命の籤《くじ》を抽《ひ》いて、六十七年の奇しき生涯を送った珍しい人間であった。彼が死ぬ前日、彼と半生の苦を分った親友ギュダンと永年知己であったある書肆《しょし》の主人ボッサンジュとが彼を訪れた。その時、ボッサンジュは次のような述懐をしたと伝えられている。

「ねえ、先生、あなたぐらい不思議な頭の持主はありませんよ。時計屋さんとしては、二十二歳で、新しいシステム時計を発明なされた。音楽家としては、立派な教師にもなり、機械製作者としては、並びない腕前を発揮なされた。実業や外交の方面にまで手を拡げて、偉い権力者達の忠言者となるかと思うと、芝居の脚本にも筆を染めて群を抜《ぬき》んでられる。出版に従事なさったかと思うと、船主にもなって、アメリカ人に軍需品を送ったり、フランスのために銃砲を供給したりなされた。貧しい人には金を、地位の欲しい人には地位を与え、知恵のない人には知恵を貸してやりになった。その上、多くの友達から親しまれ、近づいて来る女達からは可愛がられ、今年ははや六十七歳になられたが、しかも拙者よりはよほどお若い……全く、不思議な仁もあればあるものかな！」

こんな言葉をのこして、ボッサンジュ老人は杖を曳き曳き、ギュダンと連れだって帰っていった。やがてボーマルシェは家族たちに接吻してから、いつものとおり寝室に昇っていった。

その翌日、一七九九年五月十八日、彼は寝室の中で冷たくなっていた。卒中であった。しかも死相眠れるがごとく、口辺には微笑の影さえ漂っていたという。

ボーマルシェはかつて彼の分身フィガロに語らせたことがあった。

「人間？　それは舞台に現われたように舞台から退いて、もと来た道をとぼとぼ帰ってゆく者です。それから、諸厄……諸病……老耄《おいぼ》れて力も尽きた木偶《でく》……冷たいミイラ、一個の骸骨、一つまみの塵、かくてついに虚無《リヤン》……虚無《リヤン》！」

これが神を信ぜず、来世を俟《ま》たぬ十八世紀の児の人生観であった。
畢竟《ひっきょう》するに、ボーマルシェは、その生涯を挙げて活動のための活動を追う一個の快男児であった。その奮闘はまことにめまぐるしいほど華々しく、フランス国内はおろか、ヨーロッパ中を股にかけて、如意の腕を揮い、如意の丈を舞わし、如意の舌を弄したが、彼の為人《ひととなり》のどこからも偉大とか深遠とかいう印象は得られない。版画家ホッブウッドの描いた彼の横顔は、いかにも気の利いた男前ではあるが、どことなく猿に似たところがないではない。ボーマルシェは蓋《けだ》しフランス文学の孫悟空か。

N・B　ボーマルシェ研究に関してぜひ読まねばならぬ文献は、ルイ・ド・ロメニーの『ボーマルシェとその時代』である。上下二巻。暇の乏しさから、この貴重な参考書を改めて、読みなおすことができなかったので、やむを得ず、ラルース世界大辞典旧版およびルネ・ダルセームの『ボーマルシェ伝』ならびに二三のフランス文学史に拠って本稿を綴った。

敗北者の運命

アルベール・サヴィーヌ
フランスア・ブルナン　共著
辰野　隆　訳

クートン
（1755-1794）

サン・ジュスト
（1767-1794）

前哨戦

ロベスピエールが無神論の害毒を痛感して、ルソー流の理神論（自然神教）を象徴する「最高尊者《エートル・シュプレーム》」の祝典（一七九四年六月八日）を挙げたのは、今から見れば、無意味でも、こっけいでもあった。最高尊者とは、実は神ではなくて、ロベスピエール自身ではないのか。革命主義、共和政治の独裁者とは、そもそもドレイを支配する暴君にほかならぬではないか。祝典における神がかりの気取りやもったいぶりは、彼に対する具眼者の反感を高め、政敵の憎悪と復讐《ふくしゅう》心をいよいよあおることとなった。ビヨー、カルノー、コロー、バレール、プリュール等とロベスピエール派の対立はようやく熱を帯びて来た。

ロベスピエールと政敵との情勢は急迫して来た。味方のスパイの報告や、政敵の密会や商議から洩れてくる謀反のうわさを彼も知らぬのではなかった。かくて、熱月《テルミドール》の初旬には、彼は謀反計画がすでに隠せなくなっているのを確認した。ヴァンデー地方の反乱鎮定の指揮官デュフレッス大将は、かねてロベスピエールに忠実な武人であったので、参謀将校に託して政敵の動きを詳細に報告した。彼はその報告に対して感謝することを忘れなかったが、当時、彼の最大の関心事は、彼の政策を弁疏し、殊に、彼が独裁政治に対する何らの野望をも抱いていない事情を明らかにすることであった。

熱月六日の夜、彼はジャコバン党の会議において、政敵がいまわしい策動によって市民を分裂させ、危険な風説を立てて有徳の人士を失望させ、そのすきをうかがう陰謀を攻撃した。クートンがロベスピエールに次いで演壇に登って、訴追の態度を一層明らかにし、

《うわさによれば、分割運動が国民公会《コンヴァンション》においても、公安委員会《コミテ・ド・サリュ・ピュブリック》においても、保安委員会《コミテ・ド・シュールテ・ジェネラル》においても、勢力をたくましくしている。その目的とするところは、不穏なうわさをまいて愛国心を一掃せんとする暴挙にほかならない。しかし、国民はかかる悪人ばらのあらゆるそそのかしに動かされるものではない。たとえ人間同士の間に分裂があろうとも、主義が分割されることはない。されば、自分は敢えて言明する、国民公会は、その大多数は代表的な純粋性を保持している。公安委員会も保安委員会もまた然りである。そこには、祖国のために最大の犠牲を払うのを辞せぬ多くの人士、勇者がいるのだ。保安委員会に対しては非難がないわけではない。自分は委員

諸君を罪するわけではない。しかし、保安委員会は悪人に取り巻かれているのだ。保安委員会の名において遂げられた自由行動は、愛国者たる人士に恐怖の念を抱かせたのだ。自分はこの旨を委員会に対して述べた。委員会もそれを是とし、委員の面々は事件の手先どもを審議して、犯人を裁く意向を持っている》と説いた。クートンは、次いでトゥール市の保安委員会の委員スナール逮捕に関する情報を提供した。スナールは敵方との妥協に資金をみついだからである。クートンはさらに彼が罰せんとする数名の人士に対する直接の加刑をそそのかした。

《共和国の内部における一日の不和は、英宰相ピットに対する勝利よりも一層重大である。これははなはだ遺憾ではあるが、真実である。諸君は祖国の胎内にまで英国の悪魔的な徒党の手先を近づけているのだ。それは国民公会の内奥にまで潜在しているのだ。しかし、幸いにその数は少ない。きわめて少なくして、その数名は国民公会の志士仁人の欲するがままに粉砕することが出来るが、その輩の毒手は、われわれの共和国の富を掌握し、その掌からは彼らが殺戮《さつりく》した無実の市民の血が滴《したた》っている。しかも彼らは、われわれが国民公会を憎んでいるという宣伝を続けているのだ。この身が国民の代表機関に反旗を翻そうとは！　そのためなら、百千のわが生命を捧げても悔いないのに！　何故なら、国民の代表機関が廃止され解消するなら、それは正に反革命の日であるからだ！　しかし自分は、不正不徳を忍ぶことは出来ない。何故なら、自分は心から共和政と道義こそ、共和主義の秩序に対する確固たる基盤を供すると確信するからである。もし、エベールの方式が再び施行され、犯罪が支配するに至ったら、もはや共和国は存立せぬだろう。……しかるに今やこの所に、国民公会のうちに、数名の不純人物が在って、公徳を腐敗せしめ、良俗と道義の墓の上に、罪の王座をすえんと努めているのだ。自分はここで最も卑劣な敵にして、しかも公共の自由の最も危険な敵に対して、特別な処置をとるつもりではない。自分はただ、良き人々が相寄り、純な議員が五、六名の騒狂者とたもとを分かち、今日から、彼らと悪人どもの間に糾弾の一線を画さんことを要望する》

と。クートンの所論は翌日の「山岳党新聞」その他の刊行物によって大々的に報道されたが、その目ざすところは、委員会相互の協調が確保されたと認めさせて、事なかれ主義の中央党の集団を強化するにあった。それは、さらにだめを押して、中央党、別名平原党またの名は沼沢党に、近く起こるかも知れぬあらしを警告して、沼のカワズどものうごめきをいましめたのである。ロベスピエールが中央党に暗黙の支持を与えていたのは、交換条件として、国民公会の多数を占める投票を無視出来なかったからである。もしこの多数者が、何らかの口実によって議会に出席しなかったら一大事なのだ。数日以来、ロベスピエール反対派は、今まで軽べつしていた沼沢党を利用しはじめた。彼らが如何にがやがや騒ごうとも一握りの塊りにすぎないが、いざ投票となれば、戦うには、中央党の蛙鳴群《あめいぐん》の票数を獲得するほかに手はない。熱月九日の前夜においてさえ、国民公会には、前年一月、ルイ十六世死刑の宣告に反対の票を投じた議員が二百名も残存していたのである。追放も投獄も断頭刑も彼らを減殺することが出来ず、彼らが投票用紙を有効に使用しようとすれば、恐るべき力を発揮し得たのである。彼らはロベスピエールと山岳党との間に介在して、彼らを保護する方に、同情よりも政策的に、軽べつしながら傾いたのであった。

彼らは、とにかく、弾圧の下で死者をまねて、底意を隠すことに慣れていた。彼らのある者、特に以前の議会——立憲議会《アッサンブレ・コンチチュアント》、立法議会《アッサンブレ・レジスラチーフ》——から加わった主なる分子は、識見力量にもすぐれた人士たちだった。デュラン・メーヤーヌは思慮あり学識に富み、パラーヌ・シャンポーは沈着果断、ボアシー・ダングラスは知と勇を兼ね、フェローは豪胆だった。しかも彼らと疎遠ではない人士には、山岳党の知的選良も少なくなかった。しかし、彼らは五月三十日——ジロンド党の転落——以来、つまり国民公会の議員となって平原党に席を占めて以来、過激な民衆からはなまぬるぶりを軽視されののしられて、とかく議会にも欠席がちだった。論争の激しい日には、議席に残った少数の彼らは、演説議員の冷笑や革命派女性ののしりを浴びたり、過激な山岳連のこぶしのおどしを忍ばなければならなかった。彼らは往々にして首を絞められたり、倒されたりした。

デュラン・メーヤーヌの言によれば、《ただの一度も、議会において、われわれは脅迫されずに発言したことはなかった》。こういう悪条件のなかにあって、沼沢党の議員がそもそも何が出来よう。かつて雄弁であった人士ほど、立憲議会や立法議会において活躍した人士ほど、かえって周囲から忘れられようと努めた。心ならずも一役演じなければならなくなった者や、使命を託された者や、勢力ある委員に報告を書かねばならぬ者も、ほめられたがらなかった。アルキエは何の罪なくして囚監された。彼らは愚者の外貌に隠れ、心して形態を取りつくろい、彼らを強制する要望に、戦々兢々として投票するに努めた。彼らはジロンド党に助力した後に、戦わねばならぬ時に、ジロンド党を見捨てたのであった。寛容派の徒党さえ過激派の徒党と等しく彼らを酷烈に取扱った。しかしながら、ダントンも、エローも、ファーブルも、シャボーも、ラクロアも、バジールも、エベールも、ショーメットも等しく専制者ではなかったろうか。

とにかく彼らは山岳党員が暴行に慣れ、血に酔い、たがいに殺傷し合う烈しささえ有するのを知っていたから、巨人らの怒りを被らざらんことを深く慮って、ただ巨人らが同士討して亡ぶのを恐る恐る見つめていたのだ。ただ彼らのきわめて少数の者のみが、王党への執着を丹念に秘して、国王方の手先から秘密の合言葉を受けて、その命令を厳守していた。一昔前のフランスの摂政（フィリップ・ドルレアン）も英国政府も、恐怖政治と称する情熱がみなぎる以前には、政変が可能であるなどとは信じ得なかったろう。今や平原党は、自然の意向からも、習慣からも、山岳党への憎悪からも、山岳党の提議にはいつも不服であった。国民公会の穏和派の中でも注目すべき人物ドヌーの思い出によれば、彼らの仲間がいかに恐怖と不信にかこまれていたことか。彼らが受ける懇請はわなにほかならなかった。デュッソーの言に従えば、《平原党の議員とは頭脳が冷たくて、その働きがのろく、数々の錯誤から用心深く臆病になり、永い間の沈黙がほとんど発言の権利を禁じ、耳には絶えざるおどしが響き、心臓は恐怖にしぼみ、周囲からはじめじめ連という名を与えられ、最大危険の道場で、黙することを学び、敗者は勝者に正義をゆずることを教えられた輩であった》

そこでロベスピエールを恐れ憎むロベールやブールドンやタリアンが、形勢挽回の仲介者となろうとした際にも、デュラン・メーヤーヌも、パラーヌ・シャンポーも、ボアシー・ダングラスも敢えてその展開に耳を傾けなかったのである。山岳党から二

度まで委員が送られて強請されたが、二度とも彼らは、

《平原党に対するロベスピエールの助力は不安定のもの、一時的のものであるから、われわれが、忍従やドレイの境遇から脱して、自存し得るようになったらご相談に乗ろう》

という態度を持した。彼ら沼沢党の面々は、いつも無訴権の終止を理由とし対抗したのである。しかし、彼らの疑惑とうらみは礼譲のうちに自ら隠しきれなかった。彼らは無制限の独裁制が山岳党一派の恐れている危険にひとしい危険に陥らせるとまでは思わなかったが、しかし彼らは、いかなる代償を払っても、山岳党一派の協力は必要であった。彼らは担保を与えられたら、と検討せざるを得なかった。

熱月五日にいたって、保安委員会の有志は大きく一歩を踏み出した。ロベスピエール派とビヨー・ヴァレンヌ派との間に結ばれたらしく思えた連盟協定が山岳党一派の死を予告するものだったからである。彼らのビヨー・ヴァレンヌに対する憤怒はロベスピエールに対する恐怖に劣るものではなかった。保安委員会の面々は沼沢派への譲歩の手を打ったのである。彼ら、委員会の仲間の二人、ジロンド党に対して最も酷烈であったアマールとヴーランが、この妥協を決定したのだ。ヴーランはセヴェンヌ山岳地帯の激烈な新教徒で、ガール県のカトリック教徒を仇敵視する代表的議員、アマ

ールは文義通りの断頭台送迎係りともいうべき議員で、ヴーランは悪虐な法官、アマールは冷血な好色漢だった。

山岳党の沼沢派買収と等しい援助を、ロベスピエールもまた沼沢派に提供したというわさが立つと、ヴァディエはわれにもあらず、《もしそういう策動が続行されるなら、ロベスピエールに付和する百匹のカエルどもを断頭台に乗せてやろう》と憤慨した。ボアシー・ダングラス、パラーヌ・シャンポー、デュラン・メーヤーヌ、デュボア・デュ・ベー、プラ・ド・ボープレは、熱月六日に再びタリアンとブールドンとロベールから勧誘を迫られた。沼沢派の連中は初めは、この勧誘を冷やかに取扱った。それというのも、未だ一カ月も経ぬ前に、ボアシー・ダングラスは彼の『国民的祝祭論』の中で、最高尊者の祝典において清廉居士ロベスピエールが述べた演説を熱烈にほめたたえているのだ。

《……われらは、オルフェウスが民衆に文化と道徳の第一原理を教示するのを聞く想いがあった。……そこに、かくばかりの魅力をもって展開された慈恵、神聖な道徳原理には、これ以上付加すべき何物もなく、いかなる善人もこの原理を崇拝し祝福せずにいられなかったであろう》と。

この男が今さらロベスピエールに反対出来るだろうか？　そして、デュラン・メーヤーヌは一カ月前にロベスピエールに次のような文句を書き送らなかったろうか？《君は知っている、知っているはずである。君の顔を見なくとも、君と話をしなくとも、ぼくが徹底的に君に結びついていることを。君の主義は常にぼくの主義でもあった。ぼくにも多少の異論のあることは許してくれたまえ。ぼくの愛国心は君の旗じるしから断じて目を放さず、事ある日には、その旗じるしを守って、同志と行動を共にすることを誓う》と。しかも今や、彼は新たに誘惑されたのである。彼は迷って、いかにすべきかを思いわずらった。山岳党は説得の辞を重ねた。後に、デュラン・メーヤーヌの述懐するところによると、《毎日、何のはばかるところもなく、百人から少なくとも八十人の首が落ち続けると思えば、無理からぬ苦慮ではないか》と。

右派の面々はうわさのうちに争えぬもののあることを信ずるようになった。正に、彼らの生きるか死ぬかは、ロベスピエールの陰険な政策に左右されるほかはなかった。ロベスピエールは味方を「整理」するために彼らを保護し、山岳党を失脚させるために必要がなくなれば彼らを見捨てるであろうから。その証拠には、マドロネットの監獄から七十一名の逮捕者を解放したのもロベスピエールなら、ヴェルニョー、ラスールス、ブリッソー、その他のジロンド党員を断頭台に送ったのもロベスピエールだったからである。断頭者連の思惑を見きわめる時期が迫っていた。たれかがロベスピエールを倒せば、それは断頭台を倒す時でもあった。山岳党は世人の要求を受入れるようになった。山岳党自体がのどにあいくちを擬せられているに等しかったからである。彼らは牢獄を解放するに努め、世人が名づけた悪人の法を廃せんと努めた。しかしながら、平原党はたがいに冷静を持することを約して、ロベスピエール糾弾《きゅうだん》の声を、感動せずに聞き流した。彼らは何ら危険を冒すことなく、無謀の挙に出でず、最も強き者に従って、その立脚地を守って行動した。《健全なる司令は、とデュラン・メーヤーヌがいう、我らの加入に依存していた。我らこそ司令を与えたのだ》と。

今や、国民公会議員の間におけるような団結は、ロベスピエール派の間にはなかった。あっても、きわめて少数であった。革命期を通じての軍政家カルノーは、フーシェの策謀を容れて、コンミュンヌの最優秀の兵であった砲手団を手に入れた。軍事委員会の次官シジャス——その長官ピーユはカルノーの友、シジャスは長官の地位を密かにねらっていた——は、カルノーの方策に対してクートン式の用意の重要性を盾にとってジャコバン党に警告した。

《パリは要塞であり、人民の敵が征服しようと努めている自由都市の牙城である。愛国者はいずれもパリ防備のすべての勢力が減殺されるのを見て寒心に堪えない。自分は徒らに警戒の言を連ねる者ではない。甚だしばしば祖国の名に価したパリが、一動乱を恐れてはならぬことは心得ていないではない。しかしながら、準備は慎重の女《むすめ》である。パリは確固たる脚で支えられなければならず、その名によって、すべての暴君どもは戦慄しなければならぬ》

果して熱月七日、ジャコバン党の一委員が国民公会の議場に現われて、カルノーとピーユに対する党の不服を申し出た。これに対してカルノーはすこぶる冷やかに答えた。

《国法の命ずる軍隊を国境に送ったにすぎない。敵に対抗するに足る軍隊を必要とする場合に、最も熱意に充ちた砲兵部隊は、敵たる連合暴君のドレイ軍に向かって、武勇を示す機会を恵まれたことを喜んでいるのだ》

八日の午前中興奮した議員たちは国民公会の議場に殺到した。ロベスピエールは、彼の崇拝者連や護衛の団員に取り巻かれて、デュプレ家を出てユニテ館《やかた》へ赴いた。

〔注〕ユニテ館とかフロール館、その他の館はいずれもチュイルリー宮に散在する小館であるが、ルイ十六世失脚の後、チュイルリー宮は国民公会に占領され、宮中の劇場は

議会の議場となり、数々の小館は政客のクラブのようになった。

公会では、指導委員たちは、彼らが集め得らるる投票集めの小太鼓を鳴らしていた。常には、議場に百名以上の議員は参集しなかったのに、この日は例外的の多数であった。常よりは多数出席の平原党の表面的な無関心ぶりは、一瞥《べつ》の鋭さに自信のあるロベスピエールを満足させた。彼は彼の味方で、使命を帯びて派遣した議員たちをパリに召還しようと考慮してはいた。しかしその議員たちをも全面的に信用してはいなかった。彼は議場のひな壇や演壇周辺の議員らを集めるに努めたが、彼は第一に、政敵の抵抗を排して勝を制するために、自己の弁説に頼ろうとした。彼は今までになく、弁論の草稿には注意をはらい、表現の辞令を選み、文章に愛著を感じたのである。彼は朗読する習慣であったから、草稿が出来あがるには、苦吟を重ね、聴衆に訴える悔恨の想いさえ加えた。彼は演壇の方へ勝利者の如き態度で近づいた。

彼の過去の数々の勝利が将来を予見するに足るであろうか？　国民公会においては、攻撃者が常に必ず勝ったであろうか？　もし攻撃者の、情熱の激しさにもかかわらず、恐れはばかる心に多少ともためらいの気味がともなって、敵の名を一々明示し得なかったら、彼が欲する弁論の力は半減するだろう。しかもこの時のロベスピエールの弁論には何らの新味もなかった。彼が国民公会の壇上において何回となく並べ立てた論議の繰り返しにすぎなかった。要するに《悪人がぺてん師と組んで国民をあざむこうとしている。殺人剣の危険にさらされながら、私は殉教者たるを期して、民衆に平和、幸福、自由、平等、友愛を確保するために生命を捧げて来た。されば、社会がこれらすべての宝を獲得したなら、予備的な革命政府は終りを告げ、将来に生くる人々は司祭連のいまわしい迷信をのろいながら、ただただ最高尊者を崇めることであろう》というような台詞には、すでに生気が欠けていた。

要するに、ロベスピエールは前夜、クートンがジャコバン党員に対して加えた攻撃を再版に付して、保安委員会の鶏鳴狗盗《けいめいくとう》を、繰り返して攻撃し、ある議員らが最高尊者の祝典の主宰たる清廉居士に放った無残な中傷を嘆き、あわせて保安委員会の盟友らの態度を嘆いた。彼がいかさま師どもを罰するのは罪を排除するので、彼らを支配するためではない、という意味なのである。国民公会はロベスピエールの言葉をあほうのように黙々として聴いていた。議員団は、いかに行動すべきかを知らなかった。すべてが、両委員会の態度にかかっていて、両委員会が議員の意志を徴し、投票を集め得る。バレールがロベスピエールの弁論の答弁に指名された。一時は「断頭台のアナクレオン」といわれながら、卑怯なところのあるバレールは、反対と迎合との二つの弁論を用意していたが、ロベスピエールの弁論中も、なお彼はいずれの態度に出るかを定めかねていた。

ロベスピエールが演壇から降りると、かっさいされ、朋友らからは祝われたが、気乗りのせぬ仲間もあった。サン・ジュストは机上の小板に書いた。《ロベスピエールがたれに疑いをかけているのか、自分にははっきり判らない》。このあいまいな雰囲気がロベスピエールの政敵側に勢力を取りもどさせた。彼が山岳党の桟敷《さじき》の席につくと、険悪なつぶやきで迎えられた。政敵からは、このつぶやきの示威運動が彼をとらえて首を絞めるのに好都合に思えた。

この時、前夜ロベスピエールの敵となり、今は立場の苦しくなったルコアントルはロベスピエールの論旨の是非を問うために起立した。彼は、この場で、両委員会が自衛手段を強行しなければ争いは負けだと考えたのだ。ブールドン・ド・ロアーズはルコアントルの考慮を解せず、その動議に反対した。その時、バレールは彼個人の名においてルコアントルを支持した。ロベスピエールは演壇的には旗色が良かった。もし、さきのダントン派であったバレールがロベスピエールに近づいて、その手に接吻したら、議場から退出する途端に、タリアンかブールドンかのあいくちに刺され、その日はロベスピエールにすこぶる有利となっただろう。しかし、勝利は常に勝利者に還って来るとはきまらない。クートンは、ロベスピエールの弁論を全国のコンミュンヌに送致するように希望した。それは正に両委員会の降伏であり、敗者の追放となるだろう。ダントン派の生き残り組は極度に興奮した。ここにおいて、ロヴェールはルコアントルを強要して、演壇に登らせ、二日前に彼がギュフロアに印刷させた弁論を発表しろ、と迫った。しかるに、ルコアントルはまた策をめぐらした。彼は、もし敵味方の討論となったら、味方の敗北となるのを恐れて、ロベスピエールのみならず、委員会の議員たちを指名するような弁論を避けた。クートンの動機を投票に訴えて、これを演壇上の小さな出来事として、その動議を葬るのが上策だと考えた。

　間もなく投票と定まり、少数ではあったが、コルドリエ派の輩と、ダントンの旧友たちと反ロベスピエール派の連中が、反抗の証拠として一致団結して議場から退出した。二人の議員がロベスピエールの弁論を最も不快に思った。一人はヴァディエで、彼がカトリーヌ・テオ（ロベスピエールから信用された巫女）に関する慎重な報告がロベスピエールから一笑に付せられたからであり、他の一人カンボンは、その財政計画がロベスピエールから排撃されたからである。二人は憤然として演壇に駆け上がった。ロベスピエールは相手をたたきのめす答弁を試みて、同じ壇上でたびたびブールドン・ド・ロアーズを論破したように反撃するはずなのに、何事も敢えてしなかった。彼はすでに弁論の朗読で底が空《から》になっていた。カンボンに答えるために、演壇に登ると、彼は何事か口ごもり、不平をつぶやく山岳党席をにらみつけながら、《ぼくをおどしているのだ。ぼくの死を望んでいるのだ》と繰り返して、あたかも議長席の支援を哀願するが如くであった。

この時、十五人会の一員で、ダントン派でしかも追放の目じるしを付けられていたアンドレ・デュモンが、壇上のロベスピエールに向かって叫んだ。

《汝が他人の死を求めるとは、悪党奴、汝こそ万死に当るのだ！》

この時からは、ロベスピエールは針路を失った。彼は彼をめぐるすべての恐怖にさらされた。後はヴァディエに追い詰められ、パニスに退けられ、何故にジャコバン党員らに、フーシェ排撃を説いたか、その理由さえ釈明出来なかった。それまで、ビヨー・ヴァレンヌも、ヴァディエさえも、ロベスピエールの敗勢に乗じかねていたのが、この時とばかりに、一団となって、烈しく抗弁したので、ロベスピエールは途方に暮れるばかりだった。議場にもどって来たダントン派の面々もその反抗に和した。バンタボールもシャリエも、ロベスピエールの弁論を印刷に付する前に、両委員会で審査すべしと要求した。

――自分はただ、敵を攻撃したまでだ。とロベスピエールは答えた。

——正に敵を攻撃した。さらに少しばかり勇気を振るって、糾弾する敵を指名しろ。
とシャリエが怒鳴りつけた。

——その通りだ。と山岳党が騒ぎ立てた。

アマールとティリオンが両委員会を弁護した。フレーロンは、議員逮捕の権利を両委員会に与うる法令の証左を要求した。ビヨーが演壇に飛び登った。彼はすべての暴政のねらいを理解した。国民公会はヴェニスの上院の如き特権を要望するのか？　議場はビヨーの言に耳を傾け、フレーロンを軽べつした。バレールは、演壇の争いを静めるために和解を提唱し、クートンの法案の補正を提議した。議会はそれを投票に付したが、一時間前にロベスピエール派が得た数はすでに失われた。会議の続行中、興味をそそらぬ弁論は国民公会の眠りを催さしめ、午後五時に会議を打ち切った。

この日のつばぜりあいは闘士の雄心をあおった。ロベスピエール派の決意は至急に山岳党を粛清することだった。ロベスピエールは、ひとまず、デュプレ家にもどってから、

《自分はすでに山岳党を当てにしてはいない。しかし、国民公会の大多数は自分の言を容れるだろう》

といった。他のロベスピエール派の一群は熱月十日に営まるべきバラとヴィアラ二少

年の祝典の準備に忙しかった。(この二少年は共和主義のために王党軍と戦って若き命を捨てた。) ロベスピエールに登用されて革命裁判所からパリ市長に任ぜられたフルーリオ・レスコーは、当時の形勢を利用して散在する軍の部隊を集中しようと考えた。ジャコバン党の仲間内では、二少年祭の勝利の松明がロベスピエールの政敵どもの死刑を照らすのではないか、とうわさされた。それは虐殺の予告ではあるまいか? 熱月党の連中はそれを信じた。前身はメーレー街の公証人で、ヴェルサイ選出の議員の兄弟であったルコアントルは、翌朝七時に、彼の部隊長を訪ねよ、という命令を受けた。彼は間もなく、兄弟が保安委員会に出頭する機会を利用し、数日前、フーシェから授けられた注意を採択して、アンリオーとペーヤンの即刻逮捕を要求した。彼は保安委員会で迎えられたが、保安委員会はルコアントルの重大な方策を進んで受け入れる気になれず、あいまいな返答に止まった。山岳党は、昼の議会の後では、自分らの胆力に自ら驚くほどだった。アンドレ・デュモンやブールドン・ド・ロアーズは、やがて書くべき遺言について考えはじめたが、タリアン、マラルメ、ラメル、カンボン、チューリオらは、夜を徹して、味方の陰謀に加担する各団体の首脳陣を歴訪したり、鼓舞したり、激励したりした。ロベスピエールの弁論は彼ら首脳者に、平原党員を説得する新たな論拠を与えた。《いよいよ明日だぞ、ロベスピエールを討つのは!》

とタリアンが断言した。

しかし、その夜はロベスピエールにとっては、快いものだった。デュプレ家において、淡泊な夕食を早や早やとしたためてから、彼は忠実な使者を送って、今日の国民公会において、山岳党から受け容れられなかった彼の弁論をさらに読み直すために彼自らまかり出る、と通達させた。彼は、自ら受けた迷惑なうわさが、彼の登場前に了承されるように努めたのだ。果たして、委員連盟（ロベスピエール派）は単なる事実の記述に感動した。コローがまず発言を求めて、弁論にとりかかろうとするところにロベスピエールが登場したので、ジャコバン党は、彼の弁論を聴かざるを得なくなった。

ロベスピエールへの聴衆の拍手は山岳党連の不平のつぶやきを償《つぐな》って、強い感銘を与えた。革命裁判所の長官デュマは、コローとビヨーをエベールとダントンに見立てた。《彼らは、二人の陰謀家の後を継ぐ者であろう》と、凶兆めいた感慨をもらした。この言葉は委員連盟を有頂天にした。連盟はコローの発言をはばみ、ビヨーをあざけり、ののしった。《断頭台に送れ！》という叫び声に、コローもビヨーも演壇を降りるほかはなく、クートンは、その間に、陰謀者に対する死刑を要求した。ロベスピエールの形勢が持ち直したのだ。惑乱したコローはロベスピエールの足元に伏して和解を乞いはじめた。群集の逆流がコローを議場の戸口に押し出し、すでに放逐されたビヨーとともに逃がれるほかはなかった。

人々はジャコバン党員から離れると、ロベスピエールやその仲間の言葉について語り合っていた。画家のダヴィッドがロベスピエールに、《もし君が毒杯を飲むなら、ぼくも君とともに飲もう》とか、ロベスピエールの信者たちが、《二日も経てば、コローの舌の根は干上がるだろう》とか。ロベスピエール護衛団の一人は、デュバランに向かってこぶしを振りながら、《お前も舌を切られるぞ》とおどした。《自分は、明日、革命裁判所であいつらを待っている》とデュマは公言した。

コフィナール、ペーヤン、レスコーは、ロベスピエールをとり巻いて、《権力を振るえ》と激励した。《両委員会を占領して、国民公会の議場を包囲しようではないか》ジャコバン党員たちが示した好意に酔ったロベスピエールは、暴力に訴える必要はない、と判断した。明日こそは、国民公会の大多数は彼とサン・ジュストの弁舌に打倒されるであろう。彼は翌日の勝利を味わう前に休息をとるために、ひとまず、デュプレ家に帰った。

平等館《やかた》においては、ランデ、カルノー、プリュール、バレールらが事務を執っていた。サン・ジュストは彼らの仕事ぶりを監視していた。彼は卓に寄って、翌日発言する弁論の草稿を書くに従って秘書のチュリエに渡していた。午前一時、フレーロンはこの委員会室に入ろうとしたが、むだだった。入室を拒まれたのだ。彼は戻ろうとすると、カンボンに出会ったので、コンミュンヌの頭目連逮捕を主張するつもりで出頭したと告げた。カンボンとフレーロンが控室でたがいに意見を述べていた間に、ジャコバン倶楽部で論争して、未だその熱のさめぬコロー・デルボアがもどって来た。

カルノーは、

《われわれはサン・ジュストを質問責めにした》

と語ったが、その間もサン・ジュストは、顔もあげずに、冷やかな口調で問うた。

《ジャコバン倶楽部で何か新しいニュースでもあったかね》

コローは大またに二、三度、部屋の中を往ったり来たりしていたが、にわかにサン・ジュストの面前に立止まると、力をこめて彼の腕をつかんで、

《君はぼくらを罰する論告を書いているのだな》

と怒鳴りつけた。サン・ジュストは何か口ごもりながら、書類を引っこめようとした。

コローは、次いで、

《そんな奸策は無用だぞ。君はぼくらを告発しようとしているのだ》

と叫んだ。すると、サン・ジュストは立ちあがって、平然と、

るのだ》

と答え、さらに、カルノーの方を向いて、《君もご多聞にもれないぞ、鉄槌《てっつい》が下され

《その通りだ、コロー。君らの告発状を書いているのだ》

と付け加えた。カルノーは何食わぬ顔で肩をそびやかした。この時、ビヨーとエリー・ラコストが部屋にはいって来た。ビヨーの出現はコローの激昂をさらにたきつけた。たがいに憤怒、威嚇、感慨を語り合った。フレーロンと別れたカンボンは、委員会の第一室まで来た時に、語り合う二人の高い声を聞いた。彼らは牧月《プレーリアル》二十二日のクートンの動議を再び持ち出して、討議を経ぬ報告を国民公会の議にのぼそうとするサン・ジュストを非難した。論議に声をからし、カンボンは退出した。しばらくして、保安委員ラ・ヴィコントリーのにえきらぬ態度に不満を抱いたルコアントルは、委員会に至急書面を送った。午前三時に、委員会を守るために部下の一大隊を提供することを進言した少佐ルコアントルは、委員会から召致されたが、その時、サン・ジュストは、会議に先だって、彼の草稿の読み直しにとりかかって、必要とあらば、それは伏せておいてもいいと考えていた。隣りの室では、委員たちはロベスピエールの腹心たるサン・ジュストの腹のうちを疑って、論議をこらしていた。委員会はしばらく待機と決した。もし、サン・ジュストが食言して委員会を食いものにしたら、委員会は

彼の誠意を信ずる風を装って裏をかいてやろう。ただ、対抗の勢力を支持するために、委員会はフーシェの知恵を借りにリュールを使いに立てた。

サン・ジュストは事件を笑いながら処理するような顔色を見せていたが、朝の五時ごろ退く時に、彼は十時に、両委員会に彼の弁論の草稿を持参して共同討議に付することを約した。サン・ジュストが去ると、両委員会はペーヤンとフルーリオを召致した。二人はロベスピエールに対する忠誠を告白しながら、国民公会と両委員会の主義にもとる行動には反対した。委員会は彼ら二人を五時間も引きとめ、朝の十時に彼らが去った時に、平等館《やかた》のマキアヴェル連はロベスピエール派の現実的行動を制止したことをたがいに喜んだ。マキアヴェル連は今はアンリオーを呼びよせる必要がないように思ったが、騎兵隊指揮官エーマールを招く宣告をして満足した。

朝七時、いざりのクートンは委員会に送られた。サン・ジュストの到着を待ちながら、人々は今後採るべき方策、すなわち人心を静めるための宣言の用語、軍の首脳者達を逮捕する提言、国防軍の再編制を議した。クートンは、《かかる方策は反革命的傾向である。アンリオーは良き市民であり、民衆から愛されている。もし、彼を虐待すれば、償いがたき不幸を招くであろう》と言った。日ごろ、クートンを憎んでいたカルノーは能動的な方策を主張した。彼は、前前夜受けた攻撃に心を傷つけられていたので、ロベスピエールの意図はそれほど純潔ではないと注意した。クートンは直ちに反言して、《かくも、有徳なロベスピエールをそしるのは、君が悪人だからだ》。――《そういう君こそ反逆者だ》。あたかも前夜の場面の繰り返しで、カルノーがコローに代わり、クートンがサン・ジュストの代役を勤めたかのようであった。クートンは長広舌を振るって、時間をかせごうとしたが、サン・ジュストはついに姿を現わさなかった。正午の時が鳴っても論争は終らなかった。山岳党から至急に送られた一吏員は、サン・ジュストが議会の演壇に立とうとしている旨を両委員会に注意した。彼は同時に次のようなサン・ジュストの書面をも持参した。《不正がぼくの心を閉ざした。この心を国民公会において開き尽くそう》。両委員会の面々が恐れおののく間に、クートンはその書面を破り捨てると、リュールは、《さあ、国民公会に往って、こいつらの仮面をはぎとるか、われわれの首をさらすかだ》と叫んだ。この時、バレールは会議室の後方にいたが、出口でジャコバン党の画家、ダヴィッドを押し止めて、《君は政治家ではない。この場所に停まっていろ》と言った。次いでバレールは、折から議場に赴くために乳母車を待っているクートンに身を傾けて、低声でたがいの妥協策について語り合った。しかし、それから事件が如何に展開するかをたれが知っていたろう？

熱月九日《ル・ヌフ・テルミドール》——一七九四年七月二十七日——

熱月九日は、早朝から、真夏のパリには珍しくないもやが重くるしく立ちこめていた。市民は動揺していた。夜中の最も涼しい時刻でも、温度計は十八度を降らず、すでに月初めからは、そんな日夜が続いていたのである。そこで、パリっ子は、みじめな生活や、あらゆる物資の欠乏にもかかわらず、嵐をはらんで、人をいらだたせるような雰囲気をまぎらせようとして、さまざまな飲料をむさぼり飲んだ。パリ衛戍司令官アンリオーや彼の飲み仲間は朝から酔っていた。

午前五時ごろから、国民公会《コンヴァンション》の近辺には騒々しく詰めかけた民衆が、国民公会《コンヴァンション》の議員に対する威嚇的な、無遠慮な悪口雑言を怒鳴りちらしていた。議会は十時にならねば門を開かないので、新しい群集がさらに加わり、チュイルリー宮廷（国民公会の所在地）の前庭にあふれ、反響が一層拡まっていった。不思議なことであるが、近ごろまでロベスピエールびいきであった市民の中にも、新しく沸きあがった気運や形勢に影響されたり、引きずられて、反ロベスピエール派に傾いた者が著しく数を増して来た。しかし、議会や、フイヤン会館やマネージュ会館付近に押寄せた市民は、必ずしも常にこういう政治的な場所に現われる群集とは異っていた。日ごろは自家の職業にいそしんで、開会中の議会などには近寄ろうともせぬ人士も少なくなかった。これら六千人の俸給生活者に国民の施政的生命がかかってもおり、しかも彼らの生活は苦しく、知られざる選挙人として、パリ市民の無気力でもあるが、底の知れぬ集団を形づくっていたのである。

十時すこし前に、議員たちは登院したが、それも珍しいことだった。熱月九日の国民公会はほとんど全員出席で、それは恐らく最初の出来事であったらしい。欠席者といえば、当時投獄されていた議員を除いては、公会の使命をおびて、各県に派遣されていたほとんどことごとくロベスピエール派の議員六十八名であったが、その員数は独裁者一味の票数にとっては少なからぬ打撃であった。最初に議場に姿を現わしたのは、前夜、ジャコバン倶楽部に参集して、はげしい論争の結果、彼ら熱月党、反ロベスピエール派の勢力も限界に来たことを語って、今後、ロベスピエールの発言をはばみ、その専横を打ち破ろうと誓った議員連だった。前夜、《腐敗の醜類》とののしられたジャヴォーグやバンタボールその他の同輩は荒仕事を決行する腹をきめた。山岳党員中、右派の連中は、仲間同志で血を流し合ったことも忘れて、《圧制者《テイラン》》ロベスピエール反撃の盟約を固めたのであった。

十時半に、当のロベスピエールが議場に現われた。ディディエ、ニコラ、ジェラールなど五、六名の護衛組が三十分前に、彼が久しく寄宿していたデュプレ家に彼を迎えに行ったのである。彼はすでに髪を縮らせ粉をふりかけたかつらをつけ、紫絹布の上着、浅黄の南京木綿の短ズボン、このいでたちは一カ月前に、彼が主宰し、一派の反感と嘲笑とを買った「最高尊者《エートル・シュプレーム》の祭典」に臨んだ日の服装と同じであった。デュプレ家の食堂には、彼の崇拝者が詰めかけていたが、その中には、彼の許嫁《いいなずけ》（デュプレ家の長女）エレオノールも、彼の服装やカラーの具合に最後の一べつを投げる鏡を差し出したシャラーブル老女も控えていた。彼と取巻連は、おもむろに公会の広場を横ぎって議会のしきいをまたいだが、これがまた宿命の登場ともなったのである。

彼が議場内に入った時に、演壇に近い場所や廊下にいた議員連はかっさいして彼を迎えたが、階段の座席に陣取った二十名余りの議員は、彼らの敵たる専制者をじっとにらめていた。ロベスピエールは、山岳党席には敢えて目もくれずに、平原党席に詰めかけた議員群を見わたした。沼沢派中心の平原党席の議員らは黙然として厳たる態度だった。彼らは従来のような他人まかせの卑屈な弱腰を捨て、今や決然たる法官の趣さえ見せていた。ロベスピエールは山岳党との決裂を見きわめるために、演壇の下に来て、立っていた。そこが彼の領域で、そこから、彼は政敵の最後の頭数を獲得しようと考えたのだ。

彼は険悪な視線を、やがて犠牲にすべき連中に注いだが、それは当時、しばしば追放の前提をともなっていた凶兆であった。彼が登場して、公会の常例でもある一委員のさまざまの報告の読過中、議員一同は黙々たる無関心の態度を持していた。議場の外側の桟敷《さじき》では、山岳党の名うての仲間が投票集めの合図を振れまわった。彼らはまだ態度のあいまいな議員に呼びかけて、改めて約束固めをしたり、いささかな功績をねぎらったりして、反ロベスピエール側の結束に活を入れるのだった。

この廊下工作の最中、ブールドン・ド・ロアーズは、デュラン・ド・メーヤーヌとぱったり出会った。彼は相手に手を差し延べて、《右派の連中はよくも集まってくれたな。頼もしい！》というと、デュランもその手を握って、議場に隣接する「自由の室」へ入って、そこで、味方のロヴェールと何事か語り合っているところに、さらにタリアンが加わった。冷静酷烈な白面の青年サン・ジュスト（当時二十六歳、ロベスピエールといいざりのクートンと組んで三頭政治の一角を占めていた）は、常よりもひとしお昂然と頭をもたげ、口辺に軽侮の気を浮かべながら、演壇の階を登ろうとしていた。

正午の時計が鳴った。その時、タリアンはにわかに、デュランとロヴェールから別れ、《サン・ジュストが登壇するぞ、やっつけてしまおう！》と叫んだ。あたかも、《議場から出て来るグーピヨー・ド・モンテーギュとすれちがったので、彼は、《議場にもどってくれ》とグーピヨーに頼んで、《今こそ自由の友の勝利の目撃者になってもらいたいのだ。今夜は、ロベスピエールは、もういなくなるぞ》といった。ロヴェールとデュランは間もなく議場に入ったが、デュランは沼沢派のベンチの、プラーヌ・シャンポーの近くに腰をすえた。サン・ジュストが断獄の必要を説いていた時に公会の反ロベスピエール派の委員連が議場に現われた。議員一同は拍手をもって委員連を迎えたが、この意外の歓迎に気を良くした委員連は聴衆の意向を有利に解釈した。彼らの入場を待ちかねていたタリアンは、この瞬間から、不敵な野次を飛ばせてサン・ジュストの弁論を妨害し、《思わせぶりな言辞を廃し、卑怯な当てつけを捨てて、直接果断な訴追を述べろ》と迫った。

ビヨー・ヴァレンヌは前夜の会合でも激昂していたが、この日はいよいよロベスピエール打倒の意気に燃えていた。彼とコローとカルノーは、サン・ジュストの語気のうちに、もはや彼ら三人を二度と議場に顔を出させまいとする底意と、三頭政治の陰険な糾弾方法を見てとった。

やがて、サン・ジュストはロベスピエールにはげまされ、ロベスピエールの主義に共鳴するスーブラニーや山岳党一派のかっさいを浴び、演壇近くの一味に守られながら弁論を終った。ビヨーは時を移さず発言を求め、まさに演壇に登ろうとするタリアンを押し止めて、自ら階段を駆けあがる中途で、バレールが彼の耳元に何か低声で告げたが、それが傍らのエスペールには分明に聞えた。《クートンやサン・ジュストに触れずに、ロベスピエール一人だけを攻撃しろ》という言葉だった。このやり口は恐らく、委員会において議会直前に決定したクートンとの申合わせであろう。

この決意によって、クートンならびにロベスピエール一派の馘首《かくしゅ》をその首魁一人に限れば足りることとなったが、辛うじて追放をまぬかれる刑事法官連の勢力失墜が、果たして穏和派の勝利となり得るや否や、その点が神経質のバレールの恐れたところであった。ビヨーには、バレールの低声の忠告が聞えなかったらしい。ただただサン・ジュストの背信が彼の憤怒を激化した。彼の苦汁に充ちた声言は国民公会議員を制圧して、今やいささかの弱気も全員を失脚させるであろうことを悟らせようとした。一人のジャコバン党員が通路の間で躍りあがって、山岳党の議席に向かって威嚇的な態度を示したが、ビヨーは直ちにその男の逮捕を命じて場外に放逐した。

ロベスピエールに忠実なルバはこの時、発言を求めて演壇に駆け寄ったが徒労だった。議長のコロー・デルボアは議場の秩序を固守してビヨーに加担した。ルバはさらに発言を求めて威勢を示すと、デルマスが、《秩序を守れ！》と叫んだ。山岳党から、《下獄だ、ラベイ監獄に送れ！》と怒鳴り立てた。ルバはやむなく退いて、ロベスピエールの近くへ歩み寄った。これが三頭政治の第二の失敗だった。いわゆる三頭派の頼りにする論客の中で、ルバだけが演壇の嵐《あらし》を恐れぬ男だった。いざりのクートンは激しい動作に訴えることは不可能でもあり、サン・ジュストの肺臓もこの場合には力が足らなかった。ロベスピエールの弟オーギュスタンも、戦場での勇気は軍人としては買われても、議会的闘争では全くゼロだった。

かかる間にも、ビヨーの人間味が演壇に伝わっていた。彼が特にロベスピエール一人の罪を難ずることは、穏和主義に傾きすぎる恐れもあり、徹底的な革命主義でなかった。タリアンは、その点が沼沢派に二の足を踏ませることになりはせぬかと、少なからず危ぶんだ。タリアンはタリアンとして、数週間以来愛する佳人、「恐怖時代のノートル・ダーム」と呼ばれたテレジア・カバリュスの悲涙と懇願のうちに、自身の危険をも予測して、死の影に襲われていた。彼のボルドーにおける収賄事件や革命を害《そこな》う背徳行為がロベスピエールの怒りに触れて、首をはねられる危険が身に迫っていたからであった。彼が牢獄《ろうごく》や断頭台を避けるためにはロベスピエールを倒すほかに手はなかった。それには同志と結ばなければならなかった。食うか食われるかの境地が、この俗物、この享楽児に超人的な勇気を与え、第一級の論客たらしめた。この日の彼は精力絶倫だった。彼の論議は、その巧みさ、勘の良さ、ねらいの確かさ、正に天才の域に迫るものがあった。ロベスピエールは吃水圏《きっすいけん》を突かれる概があった。彼はビヨーの放った結語を耳にするより早く、演壇に駆け登ろうとしたが、その時、山岳党の全員は総立ちになって、叫ぶというよりも一斉に怒号した。《専制者を倒せ《ア・バル・ティラン》！専制者を倒せ！》。

ロベスピエールは演壇の階段の中途で捕えられた。彼より先に発言を求めていた三、四人の国民公会議員は身をもってタリアンを守った。そこには慄《ふる》えているバレールがいた。バレール以上に慄えているヴーランもいた。そしてロベスピエールが貴族くずれ、腐れ策士として目をつけていたデルマス、ジロンド党の盟友であり、ラクロアの親友でもあり、ロベスピエールの敵ダントンを終始救おうと努めたデルマスもいた。ロベスピエールはいかに身振りを交えて、おどしても、叫んでも、わめいても、かいがなかった。彼は末の一句までタリアンの報復的な雄弁を聴かなければならなかった。タリアンは彼をヴェレスとかカティリナ（ともに古ローマの逆臣の名）と呼んで、革命的な修辞学めいた悪口を浴せかけたが、多少生硬な文飾にもかかわらず、その弁舌に光彩があり、正確で、力に充ちていた。国民公会が将来審議一貫制を採るようになったのも、タリアンの提議からであった。この時にも、審議の続行を指導したのはタリアンだった。

ビヨーはこの時もはや待ちきれなくなって、ブーランジェー、デュフレッス、デュマの逮捕を要求した。デルマスは衛戍司令官アンリオーの逮捕を要求した。演壇を離れなかったタリアンは参謀本部全員、特務官、副官らの逮捕をも望んだ。逮捕は票決され、エーマールは新たにパリ衛戍司令官に任命された。エーマールは元はラシャ商人だった。一七九一年には商売の負債も払いかねたが、軍人に転向してから借金を皆済した。一七九四年当初の選挙では、策を弄して憲兵大佐の地位にありついた野心家で、欲ばりでも知られていたが、親戚のチェリオが国民公会に対する彼の忠誠を保証して助けたのである。

一方、ロベスピエールは絶えず、発言を求め続けたが、その度毎に、《専制者を倒せ!《ア・バル・ティラン》》の合唱によって酬いられた。かねてロベスピエール派であった山岳党の一派でさえ、ルバとロベスピエールの弟（オーギュスタン）を除いては、専制者に同情する者はなかった。平原党議員は引き続いて冷静な審判者の態度を持していた。当初、ビヨーの弁論で荒れた演壇にも、ロベスピエール派の闘士はようやく影を隠して、パリ・コンミュンヌ派の議席に退き、そこが革命派の委員や倶楽部員の参謀部となった。演壇の下では、サン・ジュストがクートンのイスの傍らに力なく居残っていた。タリアンの弁論が終ると、四方からバレールの登壇が叫ばれた。帽子を手に持ったロベスピエールは頭を低くして全議員に向かってさらに発言を求め、中央派党員群の援助を乞う態度に出たが、《否《ノン》、専制者を倒せ！　専制者を倒せ！　バレールよ、バレールよ、登壇しろ！》と議員群が叫んだ。

そこでバレールはようやく決心して、ロベスピエールを論難したが、その攻撃ぶりがいかにも軟弱だった。彼の糾弾論告はすこぶる巧妙であったが、ロベスピエールの名は明示されていなかった。バレールに次いでヴァディエが雑言を連ねて、ロベスピエールの徳性やテオ事件について弁じたが、全く要領を得なかった。ヴァディエの空談は、満堂の憤激を弱めて、到達点を誤らしめ、せっかく軌道に乗った国民公会の熱意をそらす恐れがあった。タリアンは早くもその危機を捉えて発言を求め、《議論を焦点にもどそうではないか》と怒鳴りつけた。《焦点になら、我輩がもどして見せよう》とロベスピエールが答えた。するとまた議員群は、発言権はタリアンのもので、彼にはすでに発言の資格はないことを彼に思い出させた。

この時、タリアンは他の議員らが言論に訴えていた間に、手に短剣を持ってロベスピエールをおどした。しかもそれは口先だけの凶器ではなく、内ポケットから、血を見るために取り出した本ものだった。タリアンと闘う肉体的な自信のなかったロベスピエールは、一歩登りかけた演壇の階段から降りると、タリアンはさらに八月十日事件（ルイ十六世の失脚、パリ市民のチュイルリー宮占領）におけるロベスピエールの卑怯な態度をののしった。タリアンは口をきわめて論難を続けた。その論の内容はとにかく、聴く者は意のあるところを感じ、ロベスピエールに口を開かせぬことが肝要であると悟った。この時、コロー・デルボアは、議員らの嵐のような論議を指導するに疲れ果てて、議長の席をチュリオに譲った。ここにおいて、ロベスピエールは物狂わしく発言を求めて声をからした。その度毎にチュリオは手を振りまわしながら、《汝には発言権なし、発言権なし！》と激怒して叫んだ。山岳党席では怒号が起こり、つかみあいが始まった。ロベスピエールびいきやその手下どもとダントン派の間でも、なぐりあいが始まった。ルコアントルはロベスピエールに答弁させたがっていた。三十分あれば、ロベスピエールはビヨー、バレール、その他の敵の罪悪を暴露するだろう、彼は今や舌なめずりをしているではないか、と考え、また別の一人は、《全くだ、そうなれば、また多数を引っぱりこめるがなあ！》と応じた。無力な三頭政治の三者は徒らにこぶしを振って相手方をおどした。《卑怯な奴らよ！》と、ロベスピエールは叫んだ。彼は今度は平原党席の方へ身を向けたが、彼は味方に引き入れる自信があったこの党派に呼びかけるのをその時まで控えていたのだった。それが彼の最後の反撃を隠していた手でもあった。

《右派の議員諸君、廉直な人士、有徳な人士よ、悪党どもが我輩に拒否する発言権を与えていただきたい》

この呼びかけで平原党は身ぶるいを感じた。平原党席には、まさに刈られるのを待つ麦の穂がなびくような動揺とつぶやきが起ったが、ただの一言も、ただの一揺れも、平原党の決意をひるがえさすに足らなかった。ロベスピエールは顔色蒼白となって、額には玉の汗が見られた。この恐ろしい厳粛な一堂の沈黙は、彼の敗北、彼の処刑の宣告を意味するものにほかならなかった。

やがて、憤怒の念は彼に生気を与え、そのほほとこめかみに紅潮をたたえながら、彼は、前夜、彼にかっさいを惜しまなかった国民公会議員の議席に目をつけて味方を探し求めた。徒らにののしる言辞だけが彼の口から吐き出された。彼の一言一句に鈴を鳴らして制するチュリオに向かって、彼はしわがれ声をしぼって、《殺人どもの議長よ、我輩はこれを最後として発言権を要求する》と叫んだ。その時、ガルニエ・ド・ローブは直ちに答えた。《汝にはもはや発言権はない。ダントンの血潮が汝の口をふさぐのだ》。《この悪党ども、ダントンがどうしたというのだ……》とロベスピエールも酬いた。またまたチュリオの鈴が彼の言葉をさえぎった。《恥しらずども、何故、彼奴らの発言を禁じないのか》と彼はつぶやいて、狂ったように退くと、改めて、右派の議席の方に安住地を求めるかのように歩み寄ろうとすると、《一歩も動くな》とフェローが叫んだ。《ここの席には今は亡きコンドルセーとヴェルニョーがいたのだ》。ロベスピエールは演壇の方へ逆もどりした。彼はもはや声をからしてしまった。鈴の音が彼を黙らせたのだ。その時、ルーシェ、ロアゾー、シャルル・デュヴァルが糾弾宣告を提議した。ビヨーは即刻逮捕を要求した。ロベスピエールは、また発言を求めた。《汝に発言権はない》と、またまたチュリオが繰り返した。

糾弾宣告の票決の準備をしている間に、ロベスピエールは小さなナイフを取り出して指でまさぐっていた。彼は演壇を占めている連中をにらみながら、彼らの面前で敢行される自殺が、いかなる効果を生むかを自問しているようだった。《票決！》という声とともに、右派も平原党も山岳党の面々も起立した。逮捕が決定したのだ。オーギュスタン・ロベスピエール（弟）とルバは逮捕をまぬかれ得たのであるが、この二人は首魁《しゅかい》と運命を共にする勇気を持っていた。ところが、サン・ジュストは慄えていた。いざり、いのクートンは彼の権勢欲を非難していた反対派の議員らに向かって、麻痺《まひ》した両脚を示して憐みを乞うが如くだった。守衛がオーギュスタン、ルバ、サン・ジュスト、クートンの四人をロベスピエールと共に追放議員として議場の出口に連れ出した時に、思いきりの悪いクートンはダントン派の議員らに、《諸君は、ぼくがこの怪物（ロベスピエール）と同罪だと思うのかね》と未練がましくほざいた。国民公会議員は自分らの勝利に驚きもし、恐れもしながら、急いで会議の残務を処理した。

午後五時、議場には人の影はなかった。勝利者群はなおパリの中にコンミュンヌという戦場を残しておいたのがうかつだった。コンミュンヌは、いずれ一騒動起こることを予期していた。コンミュンヌはフルーリオ・レスコー、ペーヤン、アンリオーの三人によって支配されていたのである。フルーリオ・レスコーは芝居好きなパリ娘を女房とした建築師の手代だったが、革命は彼を検事総長フーキエ・タンヴィルの部下にすえることとなった。ペーヤンは最初は革命裁判所の陪審員、ジャコバン倶楽部の活動的な委員として、刑死した前任者ショーメットに代わって革命暦芽月《ジェルミナル》九日からコンミュンヌの吏員代表の一人となった男で、前夜はジャコバン倶楽部において、ビヨーを手厳しく攻撃したのだった。アンリオーは長剣に物を言わせる、行動の酔漢だった。三人の腹はきまっていた。もし内乱となって、法律が黙し、権力の順位が逆転して、革命的自治市町村（コンミュンヌ）が民衆の直接の受託者となり、いかなる他の権力をも認めなくなったら、彼ら三人は八月十日（ルイ十六世の失脚、パリ市民のチュイルリー宮占領）や五月三十一日（ジロンド党員の逮捕）の如くに、臨時に主権を掌握して施行する決心であった。

三人の企画は、ジロンド党征服の場合にすでに成功していたのである。この場合、ただ、ジャコバン党の武装隊を繰り出せば、民衆は背後から脅かされ、騒動の目的も理由をも判断することも出来ぬだろう。勇敢な革命派の二少年「ヴィアラとバラの祭典」の準備を口実として、アンリオーは朝の九時前から軍備を整えていた。パリ衛戍軍は彼の手中のものだった。歩兵、砲兵の数大隊と第十七師団の兵員である。そこで彼はコンミュンヌ役場に、上級下士官や曹長連を召集しておいた。フルーリオ・レスコーは、前夜ジャコバン倶楽部から帰って来てからは、彼の住居でもあった役場から離れなかった。午前十一時ごろ、市町村会議のために市庁に出かけることとなったが、市庁では、ペーヤンが彼の来るのを待ちかねていた。早急な秘密会談の後、最後的な訓令が発せられた。

正午間もなく、第一部隊はコンミュンヌ役場の広場に集合する命令を受けた。ほとんど同時刻に、アンリオーは非常時警報をパリ全区に伝え、エーマール指揮下の騎兵全員をパリ市庁に召集し、第三部隊長マチスには兵四百を要求し、彼の副官フォンテーヌはアルシ地区支隊の砲手団に砲を曳いてグレーヴ広場へ参集せよ、と呼びかけた。あたかもこの時、アンリオーは国民公会の守衛クールヴォルが持参した命令を受取った。それにはフルーリオ・レスコー、ペーヤンと同じく革命裁判所へ出頭を乞う、とあった。クールヴォルが彼の面前に立った時に、彼はすでに酔っぱらっていた。守衛はフルーリオ・レスコーに命令の受領書を請求すると、衛戍司令官は守衛の手からペンを引ったくって、《ばからしい……こんな急場に受取なんか書くやつがあるものか、さっさと帰って悪党どもに言ってやれ、あいつらを粛清するために、おれたちは評議してるのだと》と怒鳴った。それから、彼は思い直して、《こいつを留置しておけ》と周囲の憲兵らに命じた。

三時半ごろ、アンリオーの副官がクールヴォルを釈放して、《ロベスピエールに、あくまでも沈着に振舞え、びくびくするな、と伝えてくれ、兄弟分！　判ったな、さあ往け！》。もちろんクールヴォルは二つ返事で受け合った。彼はほめられるに相違ないと信じて、国民公会に駆けつけ、議長チュリオに接見した時は、ちょうどロベスピエール一派の逮捕を票決したところだった。《間抜けめ、ぐずぐず言うな。ざまァ見ろ》とチュリオは、クールヴォルを慰める代わりにののしったが、しかし上機嫌ではあった。保安委員会は、三時に、ペーヤンを逮捕してラ・フォルスの獄に連行した。

間もなくタシュローも捕われてリシュリュー街のオテル・タラリュ（獄）にたたきこまれ、革命裁判所長官デュマは法廷の席上から拘引されて、審議を妨げられるすきもなかった。この日のいざこざで、刑を宣告された輩も手早く護送された。

フーキエ・タンヴィルは、その日の仕事を終えて、ポン・ルージュ橋の向かいのラ・フラテルニテ島にいた友人ヴェルニュの家に夕食をしたために行った。食卓には、いずれも革命裁判所の副議長コフィナルとセリエ、検事グリボーヴァル、コンミュンヌの最も過激な吏員で刑事裁判所の判事でもあったデボアッソーが着席していた。食事中に彼らは非常警報の響き渡るのを聞いた。食事がデザート・コースに入った時に、フーキエ・タンヴィルは初めて同志の仲間が逮捕されたことを知った。彼は急いで裁判所内の自室に帰った。たれかが彼に、《フルーリオ・レスコーが何か話しに来て、コンミュンヌ役場に帰ってくるように》と告げた。彼は今さら危地に足を踏みいれる誤りを犯したくなかったので、そのまま自室に閉じこもって、夜の十二時半まで、事件のなりゆきを待っていた。

四時半ごろ、つまりフーキエ・タンヴィルがまだ食事についていた時分、裁判所では、ロベスピエールとその一味が逮捕されたことが告知された。裁判官側の任務を帯びた憲兵隊が、アンリオーの命令によって、裁判所前に参集することになった。この憲兵隊は二中隊から成り、政府の委員会に最も忠実であると思われていた。この日の午前中に、アンリオーは、拳銃をとって、憲兵隊の一人に手荒な処置を加えたのみならず、午後四時すこし前にも、たまたま道で会った一憲兵の胸に拳銃を擬して、《お前らのまぬけな中隊長に即刻兵を集めるように伝言しろ》と厳命した。五時ごろ、十二名の砲手を率いたフォンテーヌは憲兵中佐ボトー・デュメニーに逮捕者団を組織せよと命じた。議員バラスの秘書と兄弟であった憲兵中佐は危機の重大性を知らなかったので、この異例な命令について論議した。フォンテーヌはコンミュンヌに赴いて、ペーヤンとフルーリオの署名のある命令書を持って来た。ボトー・デュメニーの報告によれば、

《刑の宣告を受けた輩は、まさに拘引されるところだった。多くの砲手が裁判所に集まっていた。憲兵隊には動揺の色が見えた。もし当方からわずかの反抗でも示したら、アンリオーとその一味の思うつぼである反乱になりかねなかった。そこで、自分は部下の憲兵隊に、その陣地に停まるように命令し、十二名の砲手に守られて、ブーロア街の軍事教習所に赴いた》

フォンテーヌとボトー・デュメニーが去るや否や、一人の従卒がボトー・デュメニー中佐あての封書を持参した。ドゥジェーヌ中尉がそれを開いた。その書簡は、市民

エルマンから発せられ、アンリオーその他の同類の逮捕を直ちに実施すべし、という国民公会の厳しい布告であった。ドゥジェーヌは部下を集めて参謀本部に出頭した。しかし、彼が捕えに来た輩がそこにいないことが判ったので、もしコンミュンヌ役場へもどれと命じられたら、潔く法廷の裁きを受けるつもりだった。彼はパリ・コンミュンヌが国民公会に対して反乱状態に入ったことを知らなかったのである。彼の言に従えば、コンミュンヌ役場へもどれという命令には服しなければならぬと思った。

《私が会議室に入ってゆくと、私は憲兵たちに取り巻かれて議長であったフルーリオの面前に連れていかれた。フルーリオは私の名を聞き行動の目的を尋ねた。私を探していたコンミュンヌ吏員らは私の逮捕か、武装解除か、投獄かを要求した。この提言は議長フルーリオによって投票に付せられ、満場一致と決定した。そこで、私は持参した布告を頭上にかざして堂々と陳《の》べた。「私は敢えて注意を促すが、これは国民公会の布告として持参したのだ」。四方から私に怒声を浴せかけた。私の手から布告は奪われ、エルマンからの書簡はペーヤンとフルーリオが怒って破り棄てた。同時に、その場にいた守衛が勢いこんで私に躍りかかって、武装をかなぐりとって私を議場外に連れ出したが、その間も、コンミュンヌ吏員らはベンチの上に立ちあがって私を見送りながら叫んでいた。「このばか野郎、手前はおれたちをおどしたが、明日は手前

が首をはねられるのだ！」》

パリ市庁では、全く、激昂ぶりは頂点に達した。この日、一日中不利な報告ばかり知らされていた。午後二時ごろ、ロベスピエール護衛団の一人ディディエーが国民公会から出ると、彼は《清廉居士《アンコリュプチブル》》（ロベスピエールの異名）の一味徒党の間に警報を触れまわった。一方、アンリオーは幕僚連に武装を命じ、その中の一人ユルリックに、グラヴィリエ街の支隊を市庁に召集するように命じた。他の一人は第四部隊長シャルドンあてに、各所の門を閉ざし、警鼓を打たせてコンミュンヌ吏員を役場に集める命令を持って出発した。コンミュンヌの吏員タルボーがタンプル支隊の指揮官バザヌリーと連れだって参謀本部に往くと、ちょうどアンリオーが《すべての支隊は我れに従え》と、どなりちらしているところだった（三時頃）。彼はバザヌリーに、警鼓を打って全支隊は武装すべし、と厳命した。すべての支隊で警鼓が鳴り響いた。やがて、アンリオーはロベスピエール逮捕の報を聞くと、直ちに馬を飛ばせてサン・タントアンヌ街を過ぎて郊外へ向かった。郊外に住んでいた労働者群は、きわめて平静で、全く事変の起ったことを知らなかった。彼は馬を疾走させ、抜剣して叫んだ。《武装だ、武装だ！　よた者や悪党が勝ち誇っているぞ。きゃつらはロベスピエールと正しい愛国者たちを逮捕したのだ》。彼は郊外の住民を起《た》たせようと努めた。

数台の馬車が刑を宣告された面々を乗せて、処刑の広場の方向へ送っていった。雨が降っていたので、いつもなら、犯人をののしりながら護送車をとりまく市民や街の女どもも影をひそめていた。ただ労働者の群れが護送車に近づいた。憲兵団は彼らの支配者ロベスピエールの逮捕を知って途方に暮れ、命令系統に緩みが見えてきた。傍観者たる市民の中には、犯人たちを救い出そうと誓った者もあり、ある者は、護送者は手綱をめぐらして犯人を獄に連れもどせ、と要求した。その時に、そこに駆けつけたアンリオーは護送をそのまま続けさせてから、さらに市庁へもどり、保安委員会《コミテ・ド・シュールテ・ジェネラル》の一吏員と一人の憲兵がフォルス監獄へ連行しようとするペーヤンを奪い返し、二名の牢番に剣の平打ちを食わせてから投獄した。サン・タントアンヌ郊外で、公安委員会《コミテ・ド・サリュ・ピュブリック》の同志として事態を観察していたデュラックは、ペーヤン奪取の報に接したので、意を決してフォルス監獄に侵入した。その時に、フォルスの看守は数日前から投獄されていた革命裁判所の陪審官ヴィラート釈放の命令をコンミュンヌ警察から受けていた。間もなく、国民軍大将ブーランジェーをも釈放するために使いの者が現われた。

こういう間に、アンリオーはペーヤンを市庁に連れもどして同志から歓迎され、次いでボトー・デュメニー逮捕の令状に署名させられた。エルマンの書簡で、ロベスピエールとその盟友たちが。保安委員会《コミテ・ド・シュールテ・ジェネラル》に監禁されていることが判明したところだった。《おれは彼らを救いにゆく》とアンリオーは叫んで、ロベスピエールの騎馬伝令デシャンとグラヴィリエ街支部の治安裁判所判事マルタンと共に、リュクサンブール憲兵隊の先頭に立って、サン・トノレ街を突切ってマルサン館《やかた》の方へ馬を走らせた。「祖国の友」支部の革命派の一委員マッサールがそれを見送って、《がん張れ、アンリオー、おれたちは命にかけても君を支持するぞ》と叫んだ。セルジャンの柵《さく》の所で、アンリオーはしばらく馬首を止め、労働者群に演説して、敵はロベスピエールを暗殺するために殺人者どもを買収した、と断言した。次いで彼は疾駆してエガリテ邸の広場にいたり、山岳党の有力な支部が占居していた邸の留置所で、メルラン・ド・チオンヴィルを捕えた。しかるに、この国民公会議員（メルラン）は、アンリオーが去るや否や、ロベスピエール派のまじらぬその場の党人らから、政敵として扱われるはずはなかった。

クールトアと同僚のロバン・ド・ロープはエガリテ邸間近の旗亭ベルジェーで夕食をしたためていた。二人は、近くで起きた事件を一見して直ちに駆けつけた。クールトアは留置所を徴発して確保し、メルランは一人の中尉に率いられた数名の憲兵を説得して、委員会（公安委員会と保安委員会）の援助に赴いた。マルサン館《やかた》では、アンリオーは、邪魔されずに、ロベスピエールと盟友たちが収監されている部屋に侵入することが出来た。彼は敵方のアマールが一目散に逃げ出すのを見たが、リュールは反抗して、《こいつを逮捕しろ》と叫んだ。アンリオーはリュールにつかみかかった。彼は一人の軍曹に抱きとめられた。《おれの憲兵はどうした！》と彼は叫んだ。いよいよ乱闘になった。リュールは姿を消した。山岳党の支部隊が到着した。ロバンは所属の憲兵たちを連れこんだ。委員会の公務員主席ドッソンヴィルは国民公会の選抜兵団に、《アンリオーとその幕僚たちを逃がすな》と命じた。やがて、アンリオー一味はしばりあげられた。ロバンは彼らをフロール館へ連行したが、その館にいたバレールとビヨー・ヴァレンヌは彼らがそこに来たのを見て、喜ばなかった。この館はコンミュンヌがアンリオーを逃がすために力を入れていた要所であることを公安委員会《コミテ・ド・サリュ・ピュブリック》は知らなかったのだ。そこで、彼ら一同はさらに保安委員会《コミテ・ド・シュールテ・ジェネラル》へ送られた。彼ら一同は、衆人の悪口雑言の怒声を浴びながら広場を横ぎったが、この時にはすでに国民公会の各支部からの増援部隊が派遣されていた。それが午後七時ごろであった。

コンミュンヌの与党は、なお、群集の間で激昂していた。プールチエーは群集の一人の首をつかんで捕えた。アンリオーがロベスピエール兄弟に何か合図をしていたので、彼ら逮捕された議員らは、さらに、憲兵とともに官房秘書課へ送られた。彼らはそこで、夕飯を与えられてから、各々異った獄舎に分送されることとなった。いざりのクートンをラ・バルブに、若きサン・ジュストをエコッセーに、ルバをコンシエルジュリーに、オーギュスタン・ロベスピエール（弟）をサン・ラザールに、親王のマキシミリアン・ロベスピエールをリュクサンブールの獄舎に送った。こういう間に、ドッソンヴィルは保安委員から姿を消して、フォルスの獄舎に赴いて、管理役を激励してヴィラートを逃がさぬこと、万事国民公会の命令に従うように説得した。この中間処置はすこぶる時宜にかなっていた。

当時、パリの警察権を掌握しようと念じていたファロは、下着一枚の軽装、肩に綬《じゅ》帯《たい》をかけて、一日中熱狂的な活動を続けた。公会の第一回の会議の開会中、各警察署の署長、すべての駐在所員に回状を発して、《各員は全責任をもって、いかなる通信も紙片も職場における出入は厳重に取締り、その保管を確実にし、警察本部の命令なくしては何人の拘留も釈放をも厳禁する》と定めた。

かくて日没になって、軍隊や民衆は国民公会の周囲にあふれて人気をそそったが、公会自体の地位は全く安心を許さなかった。ある目利《めきき》から当面の事態を告げられたヴァーランは、両委員会打倒の謀略を考えていた。多くの議員は国民公会から離れる気にならなかった。ある議員たちは出席の熱意が自分らの利益になるであろうと考えて公会に停まっていた。委員会の代表者の一人デュラックは七時と八時の間に、バラスと会って、ヴーランの不穏の腹のうちを告げると、バラスはデュラックを冷笑的な面もちで眺めながら、軽べつするように、《保安委員会は委員会だけの安全を保つ手段は持っているよ、ぼくは思っていたのだが》と答えると、くびすをめぐらし、議場の自席に就いて、友のフレロンと話をはじめた。

一方、グレーヴ広場では、形勢きわめて険悪だった。憲兵隊や砲手や港湾警備隊の古手の面々が喜悦の熱狂ぶりを示していた。ジャコバン党員連盟《ソシエテ》が五時に参集し、国民公会として会議の続行を宣言されたことが知らされた。連盟は旗じるしの疑わしいエリー・ラコストを退け、元弁護士で、当時パリ第三区の裁判所判事ヴィヴィエーを議長に選んだ。保安委員会は彼に、前夜ロベスピエールが読み上げた議論の草稿を入手するように要求した。連盟は、この保安委員会の求めに応ずるのは管轄違いであると宣告した。連盟の意向は疑う余地がなかった。そこで、ロベスピエール逮捕に投票した公会議員ブリヴァルは、無残にも議場から追われて、即刻資格を奪われた。パリ・コンミュンヌでは市長が総会を召集した。警察本部からファロとルリエーヴルの書面が市長に届けられた。《我らは、今日令状を受けた人々を逮捕するために、保安委員会《コミテ・ド・シュールテ・ジェネラル》ならびに公安委員会《コミテ・ド・サリュ・ピュブリック》の両委員会の命令を受領した。その命令書は、我らがブーランジェーおよびヴィラートの釈放を命じた紙挟みの中に挿入してあることを念のため注意する。我らは、告訴と定まれるクートンをコンミュンヌに送りもどす。我らは部署を確保し、共和国は勝利を得るであろう》と。そこで、コンミュンヌの総会は会議をはじめた。

劇の大詰

パリ市庁における混乱は異常だった。コンミュンヌ役場の留守居役ボシャールのいうところに従えば、午後七時ごろ、市長フルーリオ・レスコーが総会に警鐘を打てと命じた時にも、ボシャール自身は総会の反逆の理由が判らぬほどだった。総会では、フルーリオ・レスコー司会の下に、両委員会の命令を認めぬ宣言を決定するまでにほとんど一時間を費やし、アンリオーとその配下を逮捕する命令への返答に半時間を費やして、ようやくアンリオーらを市民の保護の下に置くために、人権部隊の指揮官ラーヌに対して召致令を発したが、ラーヌは所管の大砲を送ることを拒んだのである。総会議場では最初は熱心に議論が交わされた。場内はやがて白熱化して、対立やら反抗やら区別がつかなくなった。場外では、アンリオーがあらかじめ画策していた軍事行動、つまり兵の召還、各分隊の非常警鼓、コンミュンヌ役場近傍の非常警鐘が砲兵隊を市庁に向かって進めさせ、その周囲を街にあふれる物見高い野次馬や熱狂者がとりまいていた。その時刻には、コンミュンヌは砲手の十七中隊を手中に握っていた。最初にグレーヴ広場に到着したのはミュキュース・スケヴォラの砲手隊で、最初に現われたのが「人権」派の砲手隊で、しかもラーヌ入獄の後だった（夜十時ごろ）。

その間も、非常警鐘は絶えず鳴り響き、「サン・キュロット」派、「植物園《ミュゼウム》」派、「祖国の友」派の分隊が続々出現した。しかも、これらの兵士団の大部分は彼らが何故に召集されたのかは理解していなかった。彼らはただ命令によって進むにすぎず、「連盟派」のリシャールの如き二、三の分隊指揮官だけが、逮捕を宣告されたアンリオーの後任者がたれであるかを、わずかに推察した程度だった。

ちょうどその時分に、総会はジオーをアンリオーの後任者と決定し、議長フルーリオ・レスコーはリシャールに向かって、《君には今後苦労はかけない、この男が新任の大将だ》と言明して、リシャールを罷免《ひめん》した。運の悪いジオーは、第一部隊の副指揮官としてタンプル塔守護に当っていた男であるが、軍略を識らず、独創力も無く、上からの命令を解釈する頭脳も持ち合わせなかった。彼自身の告白によっても、彼が介入した事件の真相をつかめず、規則一点張りの軍人で、統帥の器ではさらさらなく、血迷ったのは当然である、と弁明した。ロベスピエール派は将器選択を誤ることによって、かねてこの派が軍国主義に対して持ち続けた憎悪と、天才的な武人の手に有力な剣を渡すことを常に望まなかった恐怖が、結局、罪ほろぼしをすることになるのである（ボナパルト等の出現）。

コンミュンヌ総会における失神状態は一層目に立った。フーキエ・タンヴィル（検事総長）は、客人たるエルマンとランヌの言辞を聞きながら、聞こえないふりをした。この二人は真のロベスピエール派と思われながら、市政、警察、法制の施行に関する副長官として、恐怖政治下で、政府に背いた輩であったからである。そこで、両人連印の国民公会の命令書が市長フルーリオ・レスコーの手元に届いた時に、市長は驚きを隠しきれなかった。かかる間も、国民公会からの数々の報告は、すこぶる確信にみちていた。議会に赴いた国民代表の検事リュバンは、議会においては茫然自失の気分が支配していたという報告を持ち帰った。しかし、コンミュンヌ総会の一員ベルナールに従えば、国民公会はパレー・ナショナル（議会）で、一見して、確実有力なジャコバン党員に囲まれ、守られているという。要するに、ランヌのエルマンの背反行動は、公共救済組合長ルルブールのような過激派の意見と対立したのである。ルルブールは両委員から盗み出した重要書類の紙ばさみをコンミュンヌ総会に渡したのであった。その書類の中には、ランヌやエルマンの反革命行動の証拠が見出された。

結局、フーキエ・タンヴィルに頼れぬなら、革命裁判所の陪審官たちを当てにするほかはなかった。陪審官の一人、シャトレーは、進んで出頭して、彼の支部はコンミユンヌ派に加担すると約し、その他、クレチアン、ニコラ、ディディエ、ジェラール、ルノーダンらも、それぞれ彼らの支部においてロベスピエールのために戦っていた。前日の夕べ、ロベスピエールをジャコバン倶楽部からデュプレ家（ロベスピエールの寄宿していた）まで送り届けた仲間の一人で、革命裁判所判事ガルニエ・ローネーは、槍兵隊を勧誘して、武装せる一部隊をコンミュンヌに送るように命令すべしと主張した。彼はジャコバン倶楽部で宣言された主旨を固守して投票に従い、すでにグレーヴ広場に出動した各部隊の例にならえと主張した。しかるに、民事委員会は、国民公会の命令を有たぬジャコバン党員は相手とするに足らず、武力を進めることには反対だ、とそっけなく答えた。結局、パリ周辺のあまたのコンミュンヌ、つまりベルヴィル、ショアジー・シュール・セーヌ、ベルシー、モントルイユ・スー・ボアのコンミュンヌは、《真の共和主義者の熱意を傾けて》パリ・コンミュンヌの兄弟たちを救援に赴く用意があると宣言した。この感激を支持するために、フルーリオ・レスコーとペーヤンは声明に声明を重ねた。

一方、国民公会は、すでにロベスピエール派の逮捕を宣告していた。コンミュンヌはコンミュンヌとして市民たるの桂冠は、人民の敵や悪人どもを逮捕した真の勇者たる市民に捧げらるべしと信じた。《彼ら悪人らこそルイ十六世その人より以上に、優秀な愛国者たちを逮捕するであろう》。拘引状はコロー・デルボア、アマール、レオナル・ブールドン、デュバラン、フレロン、タリアン、パニス、カルノー、デルボア・クランセ、ヴァディエ、ジャヴォーグ、フーシェ、グラネ、モイーズ・ベールに向かって発せられ、それは彼らの手に握られた弾圧から国民公会を解放するためであった。フルーリオ・レスコーとペーヤンは、たがいに熱月党や両委員会を攻撃する激しい宣言をまいた。

《祖国はさらに未曽有の危機に会した。悪人どもは彼らが弾圧する国民公会に法を強いる。すなわち、最高尊者の存在と霊魂不滅との慈心に充ちた原理を宣言したロベスピエール、徳義の使徒にしてライン地域、北部フランスの反乱を鎮定したサン・ジュスト、そしてまた、共和国軍を勝利に導いたルバ、ルバと協力したクートン、しかもその人たるや生きの身の胴と頭とを愛国の感激をもって白熱させたクートン、イタリア派遣軍の勝利を指揮したロベスピエールの令弟、これらの人士こそ真の愛国者である。彼ら愛国者の敵とはたれであるか。年金三万ルーヴルの旧貴族アマール、子爵デュバランとその同類の悪鬼ども、ダントンの一味にして旧制度治下の俳優、しかも一切の金庫を盗んだコロー・デルボア、そしてまた、こもごもあらゆる徒党に加入し、労働者をうえ死にさせるために労働賃銀を定めたバレール、こいつらこそ総会が民衆に告発せんとする悪人どもである。民衆よ起て！　八月十日、五月三十一日の果実を失うことなく、急ぎ反逆者の群れを墓場に送ろうではないか》とあおった。裁判所書記とその属僚らは数時間にわたって、この宣告を書写して、各支部に送った。

このように、革命的な巧言や悪口を盛んに並べ立てたが、パリ・コンミュンヌ側は宣伝が行動に移るべきだと考えた。午後八時、コンミュンヌの二人の委員コフィナールとリュミエールは、保安委員会に赴いて、そこに収監されているロベスピエール、クートンその他《すべての愛国者》を釈放すべし、という命令を受けた。

二人はグレーヴ広場に至り、二、三百名の砲手、少数の憲兵、アンリオーの参謀部に残っていた兵士ならびに熱烈な愛国者の群れを集めた。この一隊はヴェリエール街、サン・トノレ街を過ぎてコンヴァンシオン広場に達し、十二の砲門を保安委員会の方角へ向けた。コフィナール、リュミエールおよびアルシ地区の治安裁判所判事ダムールを先頭とする砲手の分隊は、保安委員会館の入口前の小広場に侵入した。そこで一行は会館の留守居役とその下役どもを不意に襲った。彼らは何よりもアンリオーを救い出すのが急務だった。アンリオーを捕えて守っていた憲兵たちは、二時間前に彼を護送した時以上に確信を欠いて、何らの抵抗もせずに彼を相手方に引渡した。アンリオーは釈放されると、議場を襲おうとしたコフィナールの忠言を退けて、直ちに馬にまたがり、コンミュンヌの決定に従って、市庁へ馬を走らせた。もしも彼がコフィナールの意見に従っていたら、ロベスピエール派は勝を制しただろう。国民公会の議員らも、議政壇の面々も、有力な抵抗を敢行し得る状態ではなかった。国民公会の守備も、チュイルリー宮近傍に進駐していた支部隊も、いうに足らなかった。

公安委員会の委員たちは逃がれて、議場に避難した。午後五時に、だらしなく会議を中断した国民公会議員連は、逮捕された議員連を監獄に送った時に、会議を再開した。開け放たれた議場の窓から彼らは非常警鐘や非常警鼓の音を聞き、発言した議員の各々は彼らが受けた危険を議場で物語った。プールチエ、ブルヴァル、グーピヨー、メルラン、ブールドンは、その日の彼らの不利な行動を語って、国民公会議員たる資格は今や全パリから追放の名義を与えられるに相違ないと言明した。気勢の揚がった時には暴慢だったが、形勢非なりと見てあわてたビヨー・ヴァレンヌ、コロー・デルボア、ラ・ヴィコントリーは議長室の背後の小会議室に身を隠して、途方に暮れ、非運が迫ったと思った。ルジャンドルは平原党と山岳党を結合しようと努めた。ロヴェール、フレロン、ルコアントルは勇気と意力を鼓舞して同志の面々に武器を分与した。

ビヨーは疲れ果てて、多少の兵力を持っていても、将たる者の無いことを嘆いた。将器たるエーマールは数時間以前からアンリオーに逮捕されていたのだった。

この時、ヴーランとフレロンは相談した。《国民の代表機関を救うに何か方法があるか》とヴーランが尋ねると、フレロンは、《ただ一つあるばかりだ。それは武装のパリを指揮する代表者たちを国民公会をして任命させることだ》と、答えた。《いかなる代表者たちだ》と、さらにヴーランが問うと、フレロンは、《そのことはバラスが引受けてくれるだろう。あの男だけがその勇気を持っている》と答えた。そこで委員会はバラスに交渉して、総司令官の地位を提供したが、彼は委員会の権力を握ろうとは思っていなかった。ビヨーは、その間も、いかなる有効な処置を採択することも出来ず、提言することも出来ずに演壇上でもがいていたが、《各人がその場その場で死ぬことは出来るはずだ》と宣言した。議員たちは一声に、《死ぬ覚悟だ》と叫んだ。

ついにコロー・デルボアは議長のイスの上に立って、悲痛の相を強いておいながら、厳粛な声調で、《われらの力を立証する時が来た。今やアンリオーは武装せる悪漢の一隊の手で釈放された。彼らは両委員会を占領した。アンリオーは大砲を携えて我らの門戸に迫っている》と陳《の》べた。《彼は我らを包囲している。我らは彼を「法権除外《オール・ラ・ロア》」に処すべきである》と公会全員が答えた。後に、デュラン・メーヤーヌのいうところに従えば、《自分は当時、それほど死が迫っているとは考えなかったが、ヴーランはフレロンの意見を信じきっていたのだ》と。とにかく、ヴーランは議政壇の面々を説いて、パリの国民軍の総司令権をバラスに一任する糸口を開いた。公会全議員からかっさいされて、バラスは拒むことが出来なかった。彼はただ、彼を助ける数名の副官を要求した。

この時、国民公会はロベスピエールが奪い返されてコンミュンヌにいることを知った。ロベスピエールは逮捕状を受けた実を語らず、コンミュンヌは、ロベスピエールを厚遇したのである。一方公会においては、ロベスピエールの「法権除外」は満場一致で決定された。平原党の議員ボープレの提案に従って、公会はロベスピエールに対する満場一致の決議を各支部に通告することを決定した。フレロン、ボープレ、フェロー、ブールドン・ド・ロアーズ、ロヴェール、ボレ、デルマス、レオナール・ブールドン、オーギス、ルジャンドル、グーピヨー・ド・フォントネー、ユゲーがこの使命を伝達するために選ばれた。彼らは間もなく議場から出発したが、いったん、腰に綬を巻き剣を手にして議場に帰って来た。彼らを応援する同僚も現われて、憲兵隊と松明をかざす守衛連を従え、パリの街の辻々で、反逆者群に対する国民公会一致の「法権除外」令を宣言した。議会がその代表者への救援を訴えたのは夜の十時だった。

彼ら代表者が各支部に伝播すべきバレールの布告では、ロベスピエールは王党の手先であると確証したのである。こういうようにして国民公会は間もなく抵抗の先手をうち、一般の同情が公会へ向かいはじめた。時の運だった。公会はすでに収監者の群れを顧慮するに及ばなくなった。

アンリオーが保安委員会から釈放された時に、彼は「時計の館《やかた》」の前に集まった群集に向かって、両委員会は彼の全幅の信頼を寄せていると述べた。彼を取り巻く各支部は彼に賞賛の声を送った。この光景を目撃した男の言によると、《アンリオーはこの感激を巧みに利用して、民衆を彼の後に従うように仕向けた》。彼はまっしぐらに、ロベスピエールが監禁されていると信じたリュクサンブール獄に急いだが、そこにロベスピエールを見出せなかったので、さらにコンミュンヌ役場へ向かった。《その夜の八時と九時の間に》と、ある男が語っている。

一台の馬車が、コンミュンヌ役場の入口に停まった。一人の憲兵が馬車から降りて刑事委員会室へ入ったが、直ちに綬を帯びた三人の委員とともに引き返して、その一人が馬車の扉を開いた。口に白いハンカチーフをあてた、迷った男とでも形容したい一人物が立ちあがって、彼を警護した輩を両ひじで小突いて縛《いまし》めを解くように、真先きに馬車から出て来た。それがロベスピエールだった。彼は障害物を除いたように、馬車の踏台を越えて地上に飛び降りた。疲れ果てて、その顔は蒼白だった。彼はにわかに馬車の方へ後もどりをしようとしたが、刑事委員たちは、心からの友情を示して彼を迎え、一委員は、腕を伸べて彼の体軀を後から、親しみをこめて擁し、他の一委員は彼の腕の下から支えた。こうした状態で一同は、馬車から離れ、役場の数々の部屋に添うて委員会の方へ歩いていった。たまたま、二階の窓辺にいた一使用人は、委員の一人がロベスピエールに、《安心したまえ、ねえ、安心したまえ！　仲間と一緒ではないか》といっているのを聞いたそうである。ほとんど同じ時刻に、フォルスの獄に捕えられていたオーギュスタン・ロベスピエール（弟）もコンミュンヌの二人の委員の尽力で釈放されてコンミュンヌ総会に連行された。ルバも彼と一緒だった。ルバやオーギュスタンが釈放された時に、ルバの妻と妹は、ルバの許へ寝具を馬車で運んで来た。当時を想い起こしてルバ夫人は語った。《私は馬車から降りて、夫のところに駆けつけました。私たち三人は市庁の方に歩いてゆきました。途々夫は私に帰宅するようにすすめ、幼いひとり息子のために、さまざまな心尽しを頼みました。「子どもはお前の乳で育ててくれ、祖国愛を彼に傾注してくれ。父は祖国のために死ぬ、と彼に言い聞かせてくれ。さらば《アデュー》、私のエリザベットよ、さらば《アデュー》」。こうして私は夫と別れなければなりませんでした》（エリザベットの姉エレオノールはロベスピエールの許嫁であった）。

コンミュンヌは、オーギュスタン・ロベスピエールとルバが到着した時に、九名から成る執刑委員が選ばれ、その下に、タンプル塔の牢番だったシモンを首脳とする十二名の副委員から成る一団を組織することが定められたところだった。執刑委員となったシャトレー、コフィナール、ルルブール、グルナール、ルグラン、デボアッソー、アルチュール、ペーヤン、ルーヴェーは、ロベスピエールが役場にいるのを知って、ラニエーに書簡を持たせて、ロベスピエールの善言を求める意向をしたためて「清廉居士」を招いた。ロベスピエールは役場から離れることを拒んだ。彼はたとえ囚われの身柄でも、親しい獄卒の多い場所に停まりたかった。もし、コンミュンヌの策動が成功していたなら、ロベスピエールには有利になったであろうが、それが失敗しても、彼が逮捕状の事実を秘したことが彼の地位を危くせずに済んだであろう。それから一時間の後、アンリオーとコフィナールが馬のひずめの響をたてて、彼を迎えに来た時も、彼はその招請に従わなかったが、アンリオーの再度の勧誘によって彼はようやく意を決して、護衛されながら、裁判所を過ぎて市庁に赴いた。午後十一時ごろだった。オーギュスタン・ロベスピエールもフォルス監獄から出て、そこに来合わせ、《彼を逮捕した元凶は国民公会ではなく、五年前から陰謀を企てていた反逆者の群である》と言明した。兄のロベスピエールは市庁の会議室に入って、《民衆は、私を亡きものにせんと欲した徒党の魔手から私を救った》と告げた。群集や槍や銃剣や大砲に満ちみちたグレーヴ広場の光景は彼の意を強めた。間もなく、サン・ジュストも姿を現わした。クートンは釈放されたがらなかった。サン・ジュストとロベスピエール兄弟の書面によって民衆が決起したと知らされるまで態度を決めなかった。デュラックの言に従えば、《ロベスピエール兄弟は、一人は議長フルーリオの傍らに、一人は国民代表ペーヤンの傍らに着席したが、その時も、クートンには一人の憲兵が付添っていた。私が耳にしたクートンの最初の言葉は、「軍隊に書面を送るべきだ」であった。「たれの名でか?」とロベスピエールが尋ねると、クートンは「もちろん、国民公会の名でだ。われわれのいるところ、ことごとく国民公会ではないか。残るやつらは一にぎりの徒党で、そんなやつらは、われわれの自由になる武力で堂々と蹴散らすばかりだ」と答えた。そこで、ロベスピエール（兄）は何か思案している様子だったが、身をかがめて弟の耳元に「自分の意見としては、フランス国民の名において書面を送るべきだ」といった。こういって彼はクートンとともに来た憲兵の手をにぎって、「天晴れな憲兵よ、私は常に君らを愛し、尊重して来た。常にわれわれに忠実であってくれたまえ。去って、一歩を踏みだしたら、徒党に対する民衆の反抗を激励し続けられたい」と言った》。

ルバはその間に、パリ近郊サブロンの支隊長ブルテッシュに書面を送った。《恐るべき謀反が勃発した。自分は反逆者に逮捕された人士に忠誠を誓う代表者の一人である。反逆者の旗に従って同士打の醜態を避けるのが君の任務である。民衆は君を監視している。民衆には自助の決意がある。心して民衆に忠ならんことを》。この書面は士官学校《エコール・ド・マルス》に呼びかけて、コンミュンヌ支援に傾かせようとするものだった。国民公会は、このような策動は専ら士官学校の幹部ならびに生徒の意向にかかるものとして危ぶんだ。そこで使者たるブルヴァルとバンタボールが、夜中に、派遣されたが、生徒の大多数は反革命の疑いある人士や家庭の子弟であったから、敢えてロベスピエールの親衛隊として勤務することをいさぎよしとしなかった。

ロベスピエール派は味方の糾合に八方力を尽したが、結果はかえって反対派を利することとなった。今や、各支部の議員はグレーヴ広場に集まって来た。それらの議員中には革命期を通じて傍観者であった人士も見えはじめた。フィエヴレは「マラ」支部隊の先頭に立って現われ、カルーゼル広場では、王党の弁護士ベリエーが槍《やり》を小股にはさんで「連盟《レユニオン》」派支部隊の中心の舗道に腰をおろしていた。そしてクーザン・ジャックも、これもくさい王党だが、彼の支隊を従えてカルーゼル広場に臨んだ。その夜、共和劇場では、「烈婦エピカリス」と「暴君ネロン」を上演していたが、前夜に引き続いたかっさいは、ロベスピエールに当てつけたものであった。

慄えよ、慄えよ、ネロン、汝の主権は去れり、

という台詞を観衆は熱狂して、

生きも得ず死にも得ず、

身を泥土に委するとも嘆く者なからん。

という台詞を繰り返させた。

パリの容相が何となく変って来た。恐怖期に姿をくらましていた反革命容疑者連は、彼らの隠れ家から出はじめた。夜半すぎ、劇場や歓楽のちまたからあふれ出た若者の群れは、おおむね定住の宿をもたぬ輩で、わけも判らずに、その時の気勢に駆られて国民公会の周辺に押し寄せた。後にデュボア・クランセの告白したところによれば、《熱月九日に共和国を救ったものは、いわゆるサン・キュロット（革命的民衆）ではなく、中間階級ともいうべき群集であった》と。

ちょうど真夜中ごろ、バラスは各支部から形勢好転の報を得た。いたるところで国民公会の布告がまかれ、いたるところでグレーヴ広場に送られた各支部隊が総司令官の命令を銘記して、武装せる部隊の半数を国民公会に向かわせ、残りの部隊に当らせた度々の哨戒が良心的に行われたので、その夜の前半の不安から脱することが出来た。

この時から、バラスは早急な成功を保証することは出来ないにしても、敵の攻撃に対して国民公会を守り抜く自信を表示し得た。険悪な動勢が物見高い市民を街頭から追い払ってしまったのは一時半ごろだった。

その間もたがいの宣伝戦が街々で入り乱れたが、コンミュンヌの宣伝力が次第に弱められていった。デュラックはグレーヴ広場に向かう途中セーヌ河岸に陣どったアルシス地区部隊の者どもと語り合い、様々な支部隊の砲手たちに近づいて、支部隊間の合言葉、《国民公会万歳！》と叫んで、布告を読みあげた。彼が未だ布告を読み終らぬうちに、砲車は早や動き出し、砲手団は国民公会広場に向かって進みはじめた。コンミュンヌの周囲が空になるや否や「法権除外」がコンミュンヌに宣告された。グレーヴ広場に現われたアンリオーは、砲手団の退却を見ると、叫んだ。《どうした事だ、五時間前に俺の命を救った砲手たちが、今になってこのおれを見捨てるとは！》。彼はののしったりわめいたりしたが、施すべき策も持っていなかった。

国民公会はさらに形勢が有利になって来た。刻々に宣伝の効果を増していった。コンミュンヌ役場に隣る革命支部隊では、バラスの訓令に一致する警察署長の布告が発せられた。第一のは兵営の広場において、第二のは役場の門前において、第三のはオルフェーヴル河岸への入口において、ビガンを頭目とする警察部員は革命支部隊から退出した。彼らは布告がにせものであることを呼号し、法の名において、布告を発した輩の逮捕を要請した。彼らは警察署長ドブルーを役場に拘引した。しかるに、支部隊委員会の委員らは、退出者の一人を捕えて国民公会へ連行した。コンミュンヌ側の数々の通信を奪ったバラスの部隊や、騎馬伝令らに取り囲まれたコンミュンヌもジャコバン党委員会との連絡を断ったわけではなかった。午前一時に、執刑委員会は、議員たる男女にサン・トノレ街に留意しつつ、彼らの演壇を満たさんことを要請した。それは市庁の周囲に生じた無人の空間がコンミュンヌ総会にも波及するからであった。その時より少し前に、ペーヤンが冷笑するような口調で「法権除外」の宣告を読みあげ、国民公会と両委員会に対する威嚇的な態度を示したのは、《そもそも演壇上の市民輩が何が出来よう》という文句を追放令の文体に対して加えながら、聴衆の感激をあおる考えだったのだが、その文句を聴くや否や議場は空になってしまった。

ルーヴェーの憲兵隊は、その時刻に、ロベスピエール派の主張に見切りをつけて、国民公会援助に参加した。彼らには、グレーヴ広場の砲手団を連れもどす任務が課せられ、午前二時に、彼ら一隊は役場を包囲し、警察の役員を逮捕しはじめた。同じ時刻に、勇名を獲ち得たルジャンドルは二丁の拳銃を帯び、同志の十人を従え、《君らは、ぼくと共に来るか？　反逆者どもはジャコバン党の会議室を占領した。君らの武器を置きたまえ、さもなくば侵入出来まい。ただ、ぼくに付いて来い。目下の支配者は反革命主義者（ロベスピエール一派）だ。ぼくは彼の頭脳に弾丸を撃ちこんで、剣を振るって彼の地位を奪うのだ》と言った。途々、彼は公会に対する哨戒を指揮したロベスピエール親衛隊のジェラールを逮捕させて、折から混乱に陥っていたジャコバン倶楽部に達した。ヴィヴィエーは逃がれ出る衆の中にまぎれ去った。ルジャンドルは女性委員連を去らせ、会議場のすべての出入口を閉ざして交通を禁じ、数々のカギを戦利品として公会へ持参した。彼は、《祖国を救ったのは団結せる公会である以上、明日は団結せる国民公会はジャコバン化されるだろう。そしてその社会の門戸を開くものは徳義であろう》と宣言した。

そして他方においても形勢は有利となった。バラスは市庁周囲の情勢についても、いちはやく諜報を得ていた。レオナール・ブールドンとカンブーラスは、アルシスおよびロンバール地区において、まさに進発しようとしていた数千の闘士を手に入れたとバラスに告げた。バラスは最も熱烈な山岳党員を呼び寄せ、彼の部隊を二組に分かち、一組は河岸の街筋を、他の一組はサン・トノレ街筋を過ぎゆかせて市庁に進出した。グレーヴ広場はまたまた群集におおわれた。市庁は包囲された。公安委員会はバラスに、市庁を乱射するようにすすめた。バラスは説得して、勝つために一層確実な手段を選んだ。市庁の各門戸を守っていた砲手団は彼ら支部隊の役員に呼びかえされて、抵抗することなく、国民公会側に合流した。《おれたちはあざむかれたのだ。もう一度、ここにもどって来る時は、うそつき者ども（ロベスピエール一派）を砲撃するためだぞ》と彼らは叫んだ。彼らは時を移さず利用され、国民公会議員の命令に従って砲座を市庁の方に向けた。砲手団はサン・ジャン拱廊街《アーケイド》方面に敷かれた二十門の砲を見捨てた。かねて執刑委員が要請していたジャコバン派の議員が午前一時に、市庁の各入口に現われ歩哨と談合した。そこには、デュプレ、ディディエ、レクリヴァン、ラガルド、アッカール、そのほか知名のロベスピエール派の人士がいた。彼ら評議委員らは会議中で、会議室以外において刻々に動いてゆく情勢を知らなかった。会議場は混乱状態だった。議員たちは廊下を往来し、階段を昇ったり降りたり、たれ一人自制する者もなかった。たれが国民公会側の攻撃的態勢を信じ得たろうか？　ロベスピエールとその派の公会議員は、議場の傍らの緑の部屋に集まっていた。

ロベスピエールが槍兵部隊召集令に署名しようとしていた、その時に、激しい物音が署名を妨げた。緑の部屋が襲われたのだ。憲兵メルダがロベスピエールに肉迫して、彼の胸元に剣を突きつけて、《反逆者、降伏しろ！》と叫んだ。頭をあげて見返したロベスピエールが《反逆者とは汝のことだ。銃殺に処するぞ！》と応ずると、メルダはロベスピエールの顔面に拳銃を撃った。弾丸は左の下あごを打ち砕いた。ロベスピエールはイスからころげ落ちて、メルダの足もとに倒れた。オーギュスタン（ロベスピエールの弟）は拳銃の音を聞いて窓から逃げだした。アンリオーは、秘密の階段から走り去った。クートンも逃がれようとしたが、松葉杖に妨げられ、階段の上からころげ落ちて頭部に傷を負うた。サン・ジュストは徒らに短剣をかざし、デュマは気付薬のびんを振りまわすだけだった。ルバは拳銃のただ一発で見事に自殺を遂げた。その間に、ロベスピエールの弟は靴を手に持って、しばし、二階の軒蛇腹《のきじゃばら》の辺でうろうろしていた。彼は市民の代表が市役所に侵入して来るのを見た。代表が布告を読む声も聞こえた。

そこで、彼はあわてて大階段を飛び降りたが、それが二人の市民の銃剣の上だった。彼はコンミュンヌ支隊の民事委員会に連行されたが、傷だらけ、血だらけになりながら、《彼の兄も彼も何ら非難される覚えもなく、常に国民公会に対して義務を果たして来た》と宣言した。アンリオーは、剣を握って彼に追いすがるメルランから逃がれ、彼の卑怯無能を悪口するコフィナールからも逃がれた。彼は下水の出口のある小庭の中に身を隠したが、そこで午後一時（十日）に発見されたが、彼がその場を離れようとしなかったので、銃剣で突き刺され、コンシエルジュリー監獄に送られた。国民公会の諸隊はコンミュンヌ総会の会議室に侵入したが、コンミュンヌの委員らは、急襲を受けて、何の抵抗も出来なかった。ある者はその場で捕われ、ある者は逃がれたが、熱月十日のうちに、パリ中に逃亡者狩りが丹念に敢行された。逃亡者の群れは各支部にまで追跡されて、自宅で、あるいは隠宅で捕われ、各種の革命的委員会のあっせんによってコンシエルジュリー監獄に送られた。コフィナールは白鳥小路のある家に隠れていたが、最後に捕われて革命裁判所に引渡された。

一方、クートンはコンミュンヌ役場の一室に留置されていた。彼は二階から落ちて頭部に傷を受けた時に、巧みに死者のまねをしたので、支部隊の兵士らが、彼の体を槍で突き刺して、ペルチエ河岸から河に投げこもうとすると、その時、いつわりの死体はにわかに復活の覚悟をきめて、《市民諸君、わしは未だ死んではいない！》と叫んだ。そこで、市民らは彼の両足をつかんでコンミュンヌ総会の一室まで引きずって来て、演壇の下に横たえたのである。

倒れたロベスピエールの所にもどって来たメルダは、ロベスピエールの身体検査をおこなって、書類入れと時計を取出して、レオナール・ブールドンに渡した。十二名ばかりの革命市民が重傷を負うた独裁者の足と手を持ってクートンの傍らまで運んだ。

彼らはロベスピエールのフロック・コートの右そでと背を裂《さ》き取った。《ロベスピエールだな》と彼らの一人は当の主人公を凝視しながら、《これでも最高尊者《エートル・シュプレーム》だからな》といった。朝の五時ごろ、クートンは慈善病院に送られ、知名の外科医デッソーの手当を受けてから手術室に移されたが、公安委員会からの要求で、病院にも留まり得なかった。その時刻にロベスピエールはフロール館《やかた》に運ばれた。護送員は館の大階段の下でしばらく停まった。物見高い連中が集まって来た。ロベスピエールは右腕で顔をかくそうとした。彼の近くにいた一人の男が、彼の右腕を持ちあげて、《まだ死んではいないぜ、温か味がある》というと、別の男が、《何と立派な王様ぶりじゃないか！》と応ずる。《もしこれが、シーザーの死体だったら、なぜ掃きだめに捨てなかったのか》と第三の男がつけ加えた。直ちに、護送員は見物人を遠ざけた。護送員は見物人がロベスピエールのからだに手を触れることを拒み、ロベスピエールの両足を持つ護送員は頭を持つ男に頭部を少し上げて、わずかに残る生命を保つように注意した。彼らは激しい苦痛に悩む瀕死者を、緑の敷布におおわれた大卓の上に寝かせた。まくらには、かびた兵糧用のパンくずを詰めた木箱を当てた。靴も失い、くるぶしまでずり落ちた木綿の靴下、ボタンのちぎれた南京木綿の半ズボン、血に染んだ下着、引き裂かれよごれた上着！　前日の朝、意気揚々と国民公会に赴いた、気どり屋の総理の面影は少しも留めなかった。
前夜からの議会はなお続いていた。

専制者の身がらが送り届けられたと知らされると、議長シャリエは議員に向かって、《卑劣漢ロベスピエールがこの館にいるのだ。諸君！　彼をこの部屋に呼び入れようか？》というと、《やめろ、やめろ》と議員一同が叫んだ。すると、チュリオが声を張りあげて、《専制者の死体はペストを発生させるだけだ。彼と彼の共犯者どもの定めの場所は革命広場（刑場）である》と公言した。

ロベスピエールは委員会館の審問室に放置されていた。ケイレンを起こしてもがく彼の高いびきのような呼吸が聞こえた。彼は大王（ルイ十四世か？）の標識を印した皮袋をとり出した。そして、彼は左ひじで体を支え、首をもたげ、右手で紙きれをとり出して流れる血を拭きとっていた。彼は護送して来た男の中には一人の消防係りと一人の砲手がいたが、二人は絶えず嘲笑的な口調で彼に話しかけた。一人が、《陛下、おくるしみのご様子ですな》というと、他の一人が、《お前さんは口が利けないのかね？　お前さんの仕事はまだ終ってはいないんだ。出足はひどく良かったがね。そこで、本当のことをいって聞かせようか。お前はわしをだましたのだ、悪党め！》と極めつけた。

間もなく、サン・ジュスト、ペーヤン、デュマが縛られて憲兵に守られて送られて来た。彼らはしばらく、審問室の入口で立たされてから、室外の窓辺に腰をおろした。一人の道化者が、《……これらの諸君に、王様が卓の上で、ただの人間のように眠っておられるところをご覧に入れようじゃないか》といった。顔色衰えきったサン・ジュストは、眼を見開いてロベスピエールの顔を視ようと進み寄った。デュマは物思いに沈んでいた。ペーヤンはつけ元気を装って苦笑していた。デュマが、《憲兵、水を一杯くれないか》と頼むと、ペーヤンもサン・ジュストを顧みながら、《三人分もらいたい》と付け加えた。水は二人分しかなかった。そこで、サン・ジュストの分を持って来るまでに、しばらく待たなければならなかった。サン・ジュストは、待っている間に、部屋に掲示されている立憲の公文に目を凝らした。《これが、とにかくおれの事業なのだ、革命政府もおれの事業だ》といった。憲兵が彼にコップの水を持って来た。彼は、《ありがとう!》といって、それを飲んだ。間もなくそこへ、エリー・ラコストが現われて、直ちに、デュマとペーヤンとサン・ジュストをコンシエルジュリー監獄へ送った。

次いで、エリー・ラコストは、軍医官ヴェルジェーと、選抜兵隊の外科主任マリーグの来診を命じて、ロベスピエールの傷に受刑者相当の手当てを施させた。それが朝の五時ごろだった。マリーグは数本の歯、犬歯、第一臼歯と、数々の骨片を抜き去った。この手当ての後、医者たちは、ロベスピエールのあごを支えるために、下あごに包帯を巻き、頭には白布を被らせた。《おや、陛下に王冠を頂かせたようだ》と一人がいうと、《尼僧のかぶりものにも似ているよ》と他の一人が応じた。ロベスピエールは、そうした会話を聴いていた。彼は幾度か目を見開いた。外科医たちの報告によると、《手当てを受けている間、この怪物は無言のままで、絶えずわれわれを見詰めていた》という。ロベスピエールはまたまた木箱のまくらを当てがわれて、卓上に寝かされた。《木まくらでもう少しの辛抱だ、そのうちに窓辺まで散歩ができるだろう》とたれかがいった。

午前九時、担架で、クートンとコンミュンヌ委員ゴボーが運ばれて来た。彼等二人は、ビヨー・ヴァレンヌ、バレール、コロー・デルボアの命令に従って、ロベスピエールを加えて、三人の負傷者が、十時に、コンシエルジュリー監獄に送られるまで、護送者の監視の下に置かれた。その間に、卓上に寝かされたロベスピエールは卓から滑り落ちたので、イスに寄りかかっていた。彼は裁判所に運ばれ、そこで、秘密に審問を受けねばならなかった。彼は牢番にペンとインクを要求した。《何をするつもりかね？　お前の最高尊者に手紙でも書くのか？》と牢番が尋ねた。委員たちは手紙の件などは相手にもしなかった。

審問はきわめて短時間であった。予定された法権除外者たちは、ただ彼らの身分証書に従って処刑されるだけだった。彼らは矢つぎ早やに審問されて罪を立証された。検事総長フーキエ・タンヴィルは（彼もやがて首をはねられるが）、その朝の審問においてロベスピエール、サン・ジュスト、クートン、デュマ、アンリオー、ラヴァレット、ヴィヴィエ、その他数名のコンミュンヌ委員に対して法権除外を要請した。うわさによると、彼は親友フルーリオ・レスコーに対する求刑を控えたが、第二次の審問を主宰したリュードンはフルーリオ・レスコー、ロベスピエール（弟）その他のコンミュンヌ委員に求刑した。

時計の鐘が午後五時半を知らせると、二十二名の犯人は四台の護送車に積まれた。ロベスピエール兄弟、クートン、アンリオー、ペーヤン、フルーリオ・レスコーは最後の車であった。牢番たちは、負傷者連には、わら布団を与えようとしたが、《否々、わら布団なんか無用だ。護送車の木材でこいつらには沢山だ》と護送する一人がいって、四人の負傷者だけを落ちないように、護送車の横木に縛りつけた。護送車の一行の過ぎゆくのを見るために集まった市民の群れは、ロベスピエールの顔がむくみ、首を胸元にうなだれている姿を認めた。この仲間は、たれも、顔色を失い、ワナにかかった猛獣が傷つけられなければ納まらぬような風体だった。ロベスピエール（弟）は、ももの骨折からの激しい痛みで、ふるえが止まらなかった。アンリオーは顔面に恐ろしい傷を受けていた。彼は下着一枚で、ズボンはどろと血にまみれていた。彼の顔の傷を除けば、九月のある日曜日に、彼がサン・フィルマンの僧院に閉じこめたすべての僧侶を虐殺した時の形相を想わせるものがあった。

街々には群集があふれた。沸きあがるのろいの声、かっさい、喚声、《専制者、くたばれ！　共和国万歳！》。刑場にいたる街の道筋にはあらゆるのろいの叫びが満ち満ちた。不健康な喜びに酔って怒号する群集は、護送車をデュプレ家——ロベスピエールが寄宿していた家、しかもこの時は家人たちはみな収監されていた——そのデュプレ家の前で停めさせた。一人の少年が肉屋に血をもらいに行って、その血のしずくをほうきに浸して、ロベスピエールが勝利者として幾度となくそのしきいをまたいだ戸口にそそいだ。その時、ロベスピエールは目を閉じて身をふるわせた。ある街では、牧月《プレーリアル》の法律によって愛児たちを失った一人の母親が、護送車の車輪にかじりついて、ロベスピエールをののしった。《この悪党め、妻という妻、母という母ののろいをみやげにして地獄に落ちろ！》

受刑者一同が断頭台の下に着いたのは午後七時半だった。クートンが最初に断頭され、次にロベスピエール（弟）からアンリオー、次に十二名のコンミュンヌ委員、ヴィヴィエ、ラヴァレット。ロベスピエールはペーヤン、デュマ、フルーリオに次いで、最後に首をはねられるはずだったが、仲間の刑の進行につれて幾度か神気沮喪し、殊に、弟の刑死するのを見てついに気絶した。そこでフルーリオの順番が彼に当てられた。《刑吏は彼をふせ板に縛《ばく》して断頭刃を引きおろす前に、彼の顔面の包帯を荒々しくはぎとった時、彼は死にかかったトラのような、すごいうめきを発したが、そのうめきが革命広場のすみずみにまで聞えた》そうである。フルーリオ・レスコーが最後に刑死した。

鎮圧はなお続けられた。熱月《テルミドール》十一日には、コンミュンヌ反徒の共犯者七十名が刑場の露と消え、その翌日には、革命裁判所の終審において、十二名が死刑宣告を受けた。コフィナールは、彼が宿を求めた友人の手から警官に引渡されたが（十七日）、疲労と飢と渇から半死の状態だった。彼は十八日、刑事裁判所に出頭し、そこから刑吏の手に移された。彼は民衆の怒号のうちに革命広場に着いた。民衆は、日ごろ彼が被告たちの弁疏を妨げる極まり文句をまねながら、《コフィナール、コフィナール！問答無用！》と叫んだ。ロベスピエールや国民公会が彼とともに敵視した関係者は近きも遠きも、ことごとく収監された。デュプレ一家はことごとく囚われ、出獄は革命暦第三年の熱月まで待たなければならなかった。デュプレとその子、びっこのシモン。デュプレ夫人は入獄中に首をくくり、長女エレオノールも収監、その妹（ルバ夫人）もサン・ポール墓地の、夫の墓に涙をそそぐまでには永い月日を待ったのだ。シャルロット・ロベスピエール（妹）、ルバ一家も、ヴォージョア一家も、ラヴィロンもデッシャンも収監された。かかる間も、民衆の歌謡は敗北者の運命をうたっていた。

悪党ロベスは
民衆の敵《かたき》
埃《ちり》を食らって
治世はおわる
言うにゃ及ぶ
悪人亡ぶが天下の定業！
言うにゃ及ぶ
悪人亡ぶが天下の定業？

正にカーライルの如く、ロベスピエールをほふった《かっさいの叫喚が叫喚の上に沸き重なる。ただにパリ中にひろがるのみならず、フランス中にひろがり、ヨーロッパにひろがって、今日の時代まで及んでいる叫喚である。当を得たものであって同時に当を得ぬものである》。

そしてまた、ミシュレーの言をもう一度、想い起こすと、《……この道を通って》と彼はいう。この道とは、もとより革命の道であるが、革命の道に便乗しながら、独裁者ロベスピエールに次ぐ独裁者ボナパルトの野心のために、と書き加えれば、《この道を通って……フランスは五百万人を葬った大墳墓に向かって歩みを運んだのである》。

解説

小倉孝誠

辰野隆のエッセーが中公文庫に収められるのは、これが二冊目である。彼は高名な建築家を父にもち、鷗外、露伴、漱石といった文豪と付き合いがあり、谷崎をはじめ同時代の作家たちとかなり親しい交流を持っていた。彼らについて洒脱で洗練された随筆を残した辰野の文章家としての真髄は、既刊の『忘れ得ぬ人々と谷崎潤一郎』に余すところなく表れている。

本書『フランス革命夜話』は、エッセイストとしての辰野の才能を再確認させてくれると同時に、彼のもう一つの顔を浮かびあがらせる。才能とは、それが同時代の日本人であれ、あるいは外国の歴史的人物であれ、個人の相貌を印象的な挿話によってあざやかに蘇らせる能力であり、もう一つの顔とは、戦前から戦後にかけて東京大学仏文科で教壇に立ち、その門下から数多くの学者、批評家、作家を世に送り出した学者・教育者としての顔である。実際、辰野は日本におけるフランス文学研究の先駆者の一人であり、その分野での著作、翻訳は少なくない。加藤周一の自伝『羊の歌』(一九六八年)の中で、戦時中の東大仏文科の雰囲気が想起され、辰野の言動が精彩に富む筆致で再現されていたことを覚えている読者もいるだろう（仏文学者としての辰野については、出口裕弘『辰野隆　日仏の円形広場』新潮社、一九九九年、に詳しい）。

本書には、性格の異なる三編の文章が収められている。「革命夜話」は、フランス革命の主役たちに焦点を合わせながら、事件の数年間の推移をたどっている。「敗北者の運命」は、Albert Savine, François Bournand, *Le 9 thermidor d'après les documents d'archives et les mémoires*, 1907（『古文書史料と回想録にもとづくテルミドール第九日』）の数章を翻訳したもので、ロベスピエール最後の日々を再現してみせる。そして年代的に最も早く書かれた「鬼才ボーマルシェ」は、十八世紀フランスを代表する劇作家ボーマルシェ（一七三二―九九）の波瀾に満ちた生涯を簡潔に跡づけた伝記である。

「革命夜話」と「敗北者の運命」は、一九五八年刊行の『フランス革命夜話』に収められ、「鬼才ボーマルシェ」は一九三五年刊行の評論随筆集『りやん』に収録されている。後者はモリエール、ボーマルシェ、バルザック、ジッドなどのフランス作家、長谷川如是閑、谷崎潤一郎などの日本作家を論じ、観た芝居について語り、ゴルフや水泳といったスポーツを談ずるというように、いたって自由闊達な評論集になっている。辰野の趣味の広さ、造詣の深さ、そして知的志向の多面性をよく示していると言えよう。

書かれた時代もスタイルも異なるこれら三編には、フランス革命とそれに先立つ時代への強い関心という太い縦糸が貫かれている。

ボーマルシェは『セビーリャの理髪師』（一七七五年初演）および『フィガロの結婚』（一七八四年初演）の作者として、文学史に名を留めている作家であるが、それ以外にも宮廷の音楽教師、外交密使としての暗躍、森林開発、アメリカ独立戦争への資金援助、小銃取引事件への関わり、革命期の逮捕と亡命など、まさしく波瀾万丈の人生を送った。国王一家や宮廷とつながりを保つと同時に、ルソーやヴォルテールの啓蒙思想に共鳴し、劇作に打ち込むかたわら、あちこちに敵を作っては訴訟沙汰に時間と金銭を浪費した。歴史の大変動を予告すると同時に、革命政府から疑惑を持たれて辛酸をなめた。辰野は小気味よいスピーディな文体で、時代の風雲児の紆余曲折を再現してみせる。学者を父に持ち、みずからも学者として東京大学で教鞭を執った辰野は書斎の人間だったが、だからこそというべきか、破天荒で豪放磊落な人間にことのほか興味を抱いたようだ。律儀で才能ある劇作家というだけなら、ボーマルシェはここまで著者の関心を引かなかっただろう。

『セビーリャの理髪師』と『フィガロの結婚』はどちらも原作そのものより、それぞ

『フィガロの結婚』1784年、戯曲がパリのコメディ・フランセーズにて初演 1786年、モーツァルトによるオペラがウィーンのブルク劇場にて上演。

れロッシーニとモーツァルトが作曲したオペラとして現在では有名だろう。オペラは下僕フィガロの陽気さと、巧みな計略が奏功する楽しいスペクタクルに仕上がっているが、原作には社会的、政治的な諷刺がしっかり書きこまれている。基本的には風俗喜劇であるとはいえ、革命以前には歴然たる権力と威信を保っていた聖職者に向けて辛辣な批判が展開されるし、『フィガロの結婚』第五幕の有名な独白では、いいなずけシュザンヌに手を出そうとするアルマビーバ伯爵に対して、フィガロが伯爵の人間的な卑俗さを非難し、貴族として財産と権勢を誇っているのは、ただ単に貴族の家柄に生まれたおかげにすぎない、と言い放つ。

まことに正鵠を射た主張なのだが、国王と宮廷を頂点とする厳しい身分制社会にあって、こうした台詞が不穏な危険思想として問題視されるのは当然だった。『フィガロの結婚』の脚本が完成したのは一七八一年だが、それを読んだ検閲官や、脚本の朗読を聴いた国王ルイ十六世は、そこに同時代の身分制や監獄制度への断罪を看取し、上演を禁じたほどである。だからこそ一七八四年、すなわち革命勃発の五年前、ようやくパリ市内の劇場でこの芝居が上演され、観客である市民たちの大喝采を浴びたことは、作者ボーマルシェにとってこの上ない歓びだったにちがいない。辰野は次のように記している。

ボーマルシェはこの劇において、アンシャン・レジームを曲庇する堕落貴族、不正の法律、不正の権力、不正の政策に極力反抗して、思索の自由、言論、著作の自由を擁護せんとした。彼は明らかに社会の一方に無能と享楽とがあり、他の一方に才能と貧困とが厳存するのを指摘している。

ボーマルシェへの辰野の関心は強く、後に『フィガロの結婚』を翻訳し、一九六二年には『ボーマルシェーとフランス革命』（筑摩書房、一九六二年）を上梓している。本書に収められた小文は、ボーマルシェについて日本語で書かれた最も早い評伝の一つであろう。なおその後わが国でもこの作家に関する研究が進み、現在では鈴木康司『闘うフィガロ　ボーマルシェ一代記』(大修館書店、一九九七年)によって作家の全貌を知ることができる。

「革命夜話」が書かれた背景には、やはり太平洋戦争後の知識人たちの心性を読み取るべきだろう。冒頭の「革命問答」で、著者自身とおぼしき「ぼく」は、対話者からなぜフランス革命に興味をいだくようになったのかと問われて、答える。戦争中から戦争の前途に望みを失い、いずれ国内にも革命が起きるだろうと考え、それなら近代革命の祖型としてのフランス革命を学んでおくほうがいいと思ったからだ、と。戦後の日本に革命は起きなかったが、敗戦とアメリカによる占領という状況下で歴史家のみならず多くの市民もまた、明治維新以来の日本の近代国家としての歩みにあらためて思いを馳せたのだった。明治維新が「ブルジョワ革命」だったのか、「上からの政治改革」だったのかをめぐって、戦後のある時期まで歴史界は論争を交わしたものだった。その時、歴史的な参照基準として引き合いに出されたのが、近代市民革命の原型としてのフランス革命だったことは言うまでもない。

辰野は歴史家ではないが、そうした時代の論争に無知でなかったはずである。彼が言及している歴史家は、ミシュレ、カーライルという十九世紀の英仏を代表する革命史の作者であり、マチエという二十世紀前半のフランス革命史学を先導した学者である。その他にル・ボンやツヴァイクの名も引かれているから、群衆心理や、革命史を彩る個人の伝記にも関心をもっていたことが分かる。また本論が収録された『フランス革命夜話』初版の「あとがき」によれば、十九世紀のミニェとテーヌ、二十世紀のジョレス、サニャックなど、各時代を代表する、思想傾向の異なる歴史家の革命史も参照しているから、この問題に対する辰野の関心には並々ならぬものがあった。

そしてフランス革命期の世情を知るうえで最良の書物として、アナトール・フランスの歴史小説『神々は渇く』（一九一二）を辰野が推奨しているのは、いかにも仏文学者らしい。同時にそれは、穏健でリベラルな知識人としての立場表明でもあるだろう。

アナトール・フランスは、すべて、過激な思想は種類を問わず憎んでいるのだ。だから、たとえ正義といえども、その正義に殉教的な熱意が加われば、それは暴行と選ぶところはない。それほど彼は人間性を憐れんで、人間の行動を警戒しているのだ。彼の傑作『神々は渇く』を読むと、彼の反革命思想がよく解る。神々とは、フランス大革命の恐怖時代（ジロンド党の敗北からロベスピエールの刑死まで、一七九三年五月三十一日―一七九四年七月二十七日）を巻き起こした血に渇するテロリストの群れを指すので、人間が一度権力を獲ると、すなわち神々になると、目も当てられぬ残虐行為をたくましくする、という哲理がこの小説の眼目なのだね。

昨今世界中で起こっているさまざまな血なまぐさい事件を知っているわれわれには、こうした一節が痛切なまでに現実味を帯びて見える。

『神々は渇く』は、一七九三―九四年のパリを舞台に、架空の画家ガムランがジャコバン派の運動に共鳴し、徳と、正義と、祖国愛の名において狂信者に変貌し、やがてテルミドールの反動とともに、ロベスピエールと同じ日に断頭台の露と消えるまでを描く。歴史上の人物は登場せず（例外的に第二十六章で、ガムランが街中で憂い顔のロベスピエールの姿を認める場面がある）、虚構の人物たちの言動をつうじて、革命期の二年間の熱狂と混乱をあざやかに浮かび上がらせた傑作である。

「革命夜話」は人物本位の革命小史になっている。ロベスピエール、シャルロット・コルデー、死刑執行人サンソン、そしてルイ十六世。辰野はロベスピエールに対して、きわめて批判的な態度を示す。その潔癖さと政治信条の強さゆえに「清廉居士」と呼ばれた男で、ジャコバン派の領袖として一時期はたしかに革命精神を体現したのだが、辰野からすればどこか冷淡で、人間味に乏しいという印象だろう。『忘れ得ぬ人々と谷崎潤一郎』にも表れているが、偉業を成しとげてもどこか弱点のない者に辰野は共感できなかったらしい。それに反してミラボーや、一時期ロベスピエールの同志で、やがて彼に粛清されるダントンには親近感を覚え、その個性と政治的能力を高く評価している。これはミシュレの『フランス革命史』以降、共和派的な革命史が打ちだした人物観を継承したものである。

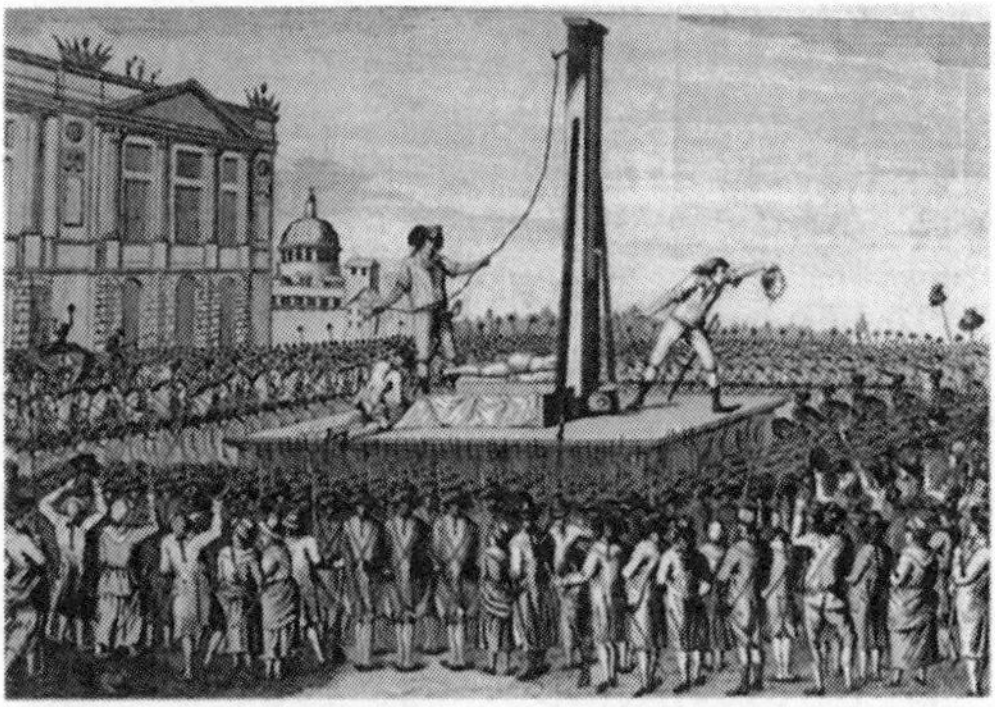

ルイ十六世の処刑　1793年1月21日

コルデーはジャコバン派に迫害されたジロンド派に共感し、共和主義者とみずから任じ、ひそかにパリにやって来るとジャコバン派のマラーを浴槽で刺殺した。祖国の平和のためにした行為である、と彼女は法廷で堂々と言明し、従容として断頭台に上った。カーライルを引用しながら、法廷で彼女が高貴なまでに毅然とした態度を崩さなかったことを称賛しつつ、後日談として彼女が美人だったかどうかという詮索に紙幅を割いているのは、人物描写を好む辰野の面目躍如というところだろう。

一般のシャルロット伝を総合してみると、まず美人だったというのが定説で、眼も青くてかがやき、鼻も口もかたちがよく、相は柔和で威厳もそなわり、身ごなしも優雅であったという点ではおおむね一致している。

他方サンソンは、代々にわたって死刑執行をつかさどってきた一族であり、革命期の当主シャルル・アンリがルイ十六世の首を刎ねた。辰野の筆は、こうした人物の言動と運命を、彼らの性格を浮き彫りにする興味深いエピソードと共に、小気味よく語ってみせる。

現代の革命史研究の立場からすれば、辰野の人物評価はいくらか単純化されているという印象は否めないが、それは時代の制約であり、致しかたないところだろう。十九世紀以来、フランス革命を近代の幕開けを告げる出来事として称賛する点で人々の意見は一致するものの、ジャコバン派による独裁政治をどのように位置づけるかとなると、歴史家たちの解釈は異なってきた。

一七八九年の民衆運動が革命の精髄であり、ジャコバン独裁はそこからの嘆かわしい逸脱だとする見方（ミシュレに代表される共和主義的な歴史学）と、それも含めて革命運動の全体であり、ジャコバン支配は、当時の政治情勢によって生じた必要悪で

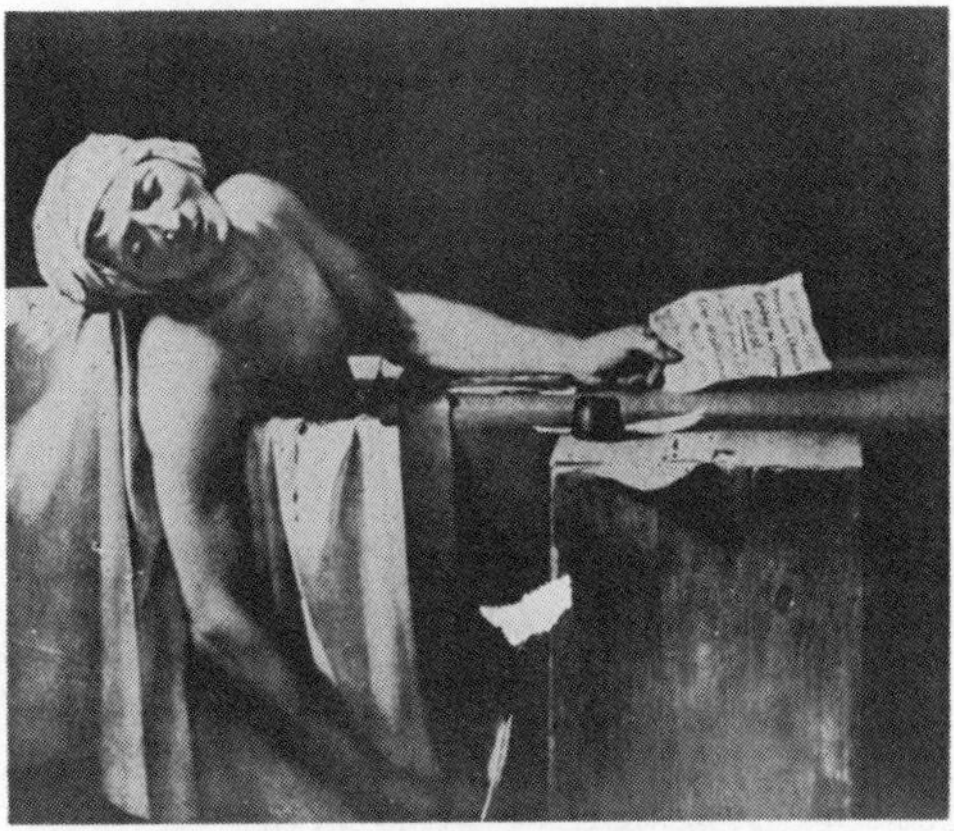

シャルロット・コルデーに刺されたマラー（1744-1793）
ダヴィッド《マラーの死》ブリュッセル王立美術館蔵

シャルロット・コルデー
(1768-1793)

あったとする見方（自由主義派の歴史学）が、十九世紀から二十世紀にかけて対立してきたのである。ロベスピエール自身にしても、革命時代のたんなる専制主義者ではなく、現実社会に啓蒙思想を不器用に応用しようとした煽動家でもない。新たな市民社会の原理と、価値の普遍主義を結合させようとした理想化肌の政治家だった、というのが現実に近い。二十世紀後半には、彼をしばしばヒトラーのような狂信的な独裁者の原型と見なす論調もあったが、それは少し修正が必要だと思う。辰野が描くロベスピエールの肖像はけっして好意的ではないが、読者のほうは少し含みを持たせたほうがいい。

ロベスピエールへの関心が強かったからこそ、辰野はサヴィーヌとブルナンの共著を翻訳したのだろう。二人とも十九世紀末から二十世紀初頭に活躍した、在野の歴史家である。「敗北者の運命」はこの共著の第五―七章をほぼ忠実に翻訳したもので、ロベスピエールの最後の日々が活写されている。第一―四章は、ロベスピエールの生い立ちと家族、フランス北部の町アラスでの生活、やがて政治家としてパリに出てきて頭角を現すさまについて述べているが、当初から割愛されていた。

サヴィーヌとブルナンは、パリの国立公文書館と国立図書館に保管されていた未公刊の史料や、カルノー、バレールなど革命期の当事者たちの回想録を渉猟して、革命の転換点となったテルミドール第九日（ロベスピエールの失脚）にいたる経緯を跡づける。多くの人物が入り乱れ、公安委員会で激しい論争が繰り広げられ、敵と味方が複雑に錯綜し、やがてロベスピエールが逮捕、処刑されるくだりは、さながら凝縮された歴史絵巻の趣を呈している。辰野による達意の訳文は、その緊迫感をじつによく伝えてくれる。

翻訳が「ほぼ忠実」と留保をつけたのは、原書と照合してみるといくらか割愛されている箇所があったり、逆に他の文献から付加した部分があったりするからだ。たとえば「劇の大詰」の末尾、ロベスピエールが処刑された後に民衆の俗謡が出回る。原書はその詩句で終わっているのだが、辰野はその後にカーライルとミシュレの革命史を引用しつつ、ロベスピエールの死を歴史の流れと見なす歴史観を表明している。翻訳でありながら、原書にない文章を付け加えるというのは、現代の感覚からすれば問題になるところだが、辰野としては私淑した二人の歴史家を援用してでも、みずからの革命観を披瀝したかったのだろう。そこにもまた彼の性格が表れている。

深い学殖と豊かな人間性をそなえた名随筆家の革命をめぐるエッセーを、じっくりと味読していただきたい。

（慶應義塾大学文学部教授）

刊記

一、本書は一九八九年に刊行された福武文庫を底本とした。解説は新たに設けた。

二、明らかな誤字脱字は訂正した。人名、地名などの固有名詞の表記はそのままとした。〈例 セヴィラ（セビリア）〉

三、今日の人権意識または社会通念に照らして差別的用語・表現があるが、時代背景と原著作者が故人であることを鑑み、そのままとした。

中公文庫

フランス革命《かくめい》夜《や》話《わ》

2015年 8 月25日　初版発行

著　者　辰《たつ》 野《の》　隆《ゆたか》

発行者　大 橋　善 光

発行所　中央公論新社
〒100-8152　東京都千代田区大手町 1-7-1
電話　販売 03-5299-1730　編集 03-5299-1890
URL http://www.chuko.co.jp/

D T P　柳田麻里
印　刷　三晃印刷
製　本　小泉製本

Published by CHUOKORON-SHINSHA, INC.
Printed in Japan　ISBN978-4-12-206159-0 C1195

各書目の下段の数字はＩＳＢＮコードです。978－4－12が省略してあります。

中公文庫既刊より

か-56-9
文学的パリガイド
鹿島　茂
24の観光地と24人の文学者を結ぶことで、パリの文学的トポグラフィが浮かび上がる。新しいパリが見つかる、鹿島流パリの歩き方。〈解説〉雨宮塔子
205182-9

か-56-10
パリの秘密
鹿島　茂
エッフェル塔、モンマルトルの丘から名もなき通りの片隅まで……時を経てなお、パリに満ちる秘密の香り。夢の名残を追って現代と過去を行き来する、瀟洒なエッセイ集。
205297-0

か-56-11
パリの異邦人
鹿島　茂
訪れる人に新しい生命を与え、人生を変えてしまう街――パリ。リルケ、ヘミングウェイ、オーウェルら、触媒都市・パリに魅せられた異邦人たちの肖像。
205483-7

か-56-8
クロワッサンとベレー帽　ふらんすモノ語り
鹿島　茂
「上等舶来」という言葉には外国への憧れが込められている。シロップ、コック帽などの舶来品のルーツを探るコラム、パリに関するエッセイを収録。〈解説〉俵　万智
204927-7

モ-8-1
シャネル　人生を語る
ポール・モラン
山田登世子訳
孤高の少女時代からモード帝国を築くまでが、自身の肉声により甦る。清新な全訳と綿密な注釈により恋愛遍歴や交友録が明らかに。唯一の回想録を新訳。
204917-8

か-18-9
ねむれ巴里
金子　光晴
深い傷心を抱きつつ、夫人三千代と日本を脱出した詩人はヨーロッパをあてどなく流浪する。『どくろ杯』につづく自伝第二部。〈解説〉中野孝次
204541-5

ミ-1-3
フランス革命史（上）
J・ミシュレ
桑原武夫／多田道太郎／樋口謹一訳
近代なるものの源泉となった歴史的一大変革と流血を生き抜いた「人民」を主人公とするフランス革命史の決定版。上巻は一七九二年、ヴァルミの勝利まで。
204788-4

ミ-1-4
フランス革命史(下)
J・ミシュレ
桑原武夫/多田道太郎/樋口謹一 訳
下巻は一七九二年、国民公会の招集、王政廃止、共和国宣言から一七九四年のロベスピエール派の全員死刑までの激動の経緯を描く。〈解説〉小倉孝誠
204789-1

つ-26-1
フランス料理の学び方 特質と歴史
辻 静雄
フランス料理の普及と人材の育成に全身全霊を傾けた著者が、フランス料理はどういうものなのかについてわかりやすく解説した、幻の論考を初文庫化。
205167-6

ロ-5-1
ロブション自伝
J・ロブション
伊藤 文 訳
世界一のシェフが偏食の少年時代、怒濤の修業、三つ星を負った苦悩、日本への思い、フリーメイソン、引退・復活の真相を告白。最新インタビュー付。
204999-4

ウ-7-1
寛容論
ヴォルテール
中川 信 訳
新教徒の冤罪事件を契機に、自然法が不寛容に対して法的根拠を与えないことを正義をもって立証し、宗教を超えて寛容の重要性を説いた不朽の名著。初文庫化。
205424-0

ち-7-4
恋愛書簡術 古今東西の文豪に学ぶテクニック講座
中条省平
愚直?罠?粋な駆け引き? 略奪愛、ダブル不倫、倒錯愛など渦中での巧みなレトリックを分析、世界を揺るがした大恋愛と名作誕生秘話。〈解説〉野崎 歓
206067-8

の-15-1
谷崎潤一郎と異国の言語
野崎 歓
大正期の作品群から、エキゾティジズムを超えて異邦を夢みながら美女と美食に惑溺する創造世界に『痴人の愛』『卍』へと連なる萌芽を再発見する。
206108-8

お-68-1
〈女らしさ〉の文化史 性・モード・風俗
小倉孝誠
女らしさはどのようにつくられたのか? 近代に誕生したモード、美容と小説に描かれた視線や医学書、作法書から「美意識」「官能」の感覚の変化を読み解く。
204725-9

た-87-1
忘れ得ぬ人々と谷崎潤一郎
辰野 隆
辰野金吾を父に持ち名文家として知られる仏文学者が同窓の谷崎、師として仰ぐ露伴、鷗外、漱石らとの交流から紡いだ自伝的文学随想集。〈解説〉中条省平
206085-2

中公文庫　好評既刊

忘れ得ぬ人々と谷崎潤一郎

辰野 隆 著

同窓の谷崎、師として仰ぐ露伴、鷗外、漱石との思い出

建築家辰野金吾を父に持ち、名随筆家としても知られる仏文学者が、同窓の谷崎、師として仰ぐ露伴・鷗外・漱石らとの思い出を綴る。昭和初期から戦後までに交流した多才な文学者の素顔や審美眼と学問への深い愛が浮かび上がる自伝的随想集。改造社版の同題本（選集第四巻　昭和二四年刊）を底本にした完全版。

〈解説〉中条省平

谷崎潤一郎と異国の言語

野崎 歓 著

異邦を夢見て美女と美食に惑溺する

西洋、中国、あるいはインドへ。文学史上、「スランプ」と形容されがちな大正期の作品ではエキゾティシズムを超えた異邦を夢みながら、美女と美食に惑溺する独自の世界を開花していた。中国旅行、インドへの関心、映画での実験、翻訳、関西移住などの影響を解読しながら『痴人の愛』『卍』へと連なる文学的萌芽を再発見する。

〈解説〉中条省平